Die Seeleninsel – Heike Saviera Wagner

Energieanrufungen
im
Goldenen Zeitalter

FSC
www.fsc.org
MIX
Papier aus verantwortungsvollen Quellen
Paper from responsible sources
FSC® C105338

Bibliografische Information der Deutschen Nationalbibliothek:

Die Deutsche Nationalbibliothek verzeichnet diese Publikation in der Deutschen Nationalbibliografie; detaillierte bibliografische Daten sind im Internet über www.dnb.de abrufbar.

2. überarbeitete Auflage (2016)

Herstellung und Verlag:
BoD – Books on Demand, Norderstedt

ISBN: 9783732295500

Liebe ist Alles.
Alles ist Liebe.
Ich bin Liebe.
Ich bin Alles.

Inhaltsreich

Rechtlicher Hinweis

Ich möchte dich auf Folgendes hinweisen:
Die Übungen, Channelings, Informationen und Meditationen dienen als spirituelle Unterstützung im Wachstumsprozess, die Umsetzung dieser Dinge erfolgt in Eigenverantwortung. Bitte bedenke, dass bei den Energieanrufungen zum Teil starke Energien fließen können, du solltest körperlich und psychisch gesund sein.
Das eintreten des Erfolgs/erreichen des Ziels ist von deinen persönlichen Möglichkeiten abhängig.
Für mich ist der Inhalt wichtiger, als eine perfekte Schreibweise, deshalb ist dieses Buch ohne Lektorat entstanden.
Wenn in diesem Buch das Wort Heilung benutzt wird, dann ist immer nur Heilung im spirituellen Sinne gemeint.
Dieses Buch, die Energieanrufungen und alle Inhalte liegen außerhalb der Heilkunde und ersetzen keinen Arzt oder Heilpraktiker, die Wirkung ist wissenschaftlich nicht nachweisbar.

Willkommen liebe Lichtfreunde

...denn das bist DU – eine Lichtfreundin – ein Lichtfreund, sonst würdest Du ja jetzt nicht dieses Buch in den Händen halten.
Es ist Dir zu-gefallen – insofern gibt es dann doch Zu-Fälle.
Schön, dass Du da bist und Dir die Welt der Energieanrufungen im goldenen Zeitalter genauer anschauen möchtest.
Wir befinden uns im goldenen Zeitalter, es hat bereits begonnen, zwar sind wir noch am Anfang und die meisten Menschen befinden sich bisher nur zeitweise im höheren Bewusstsein der 5. Dimension, aber von Tag zu Tag wachsen wir mehr hinein.
Die Energieanrufungen in diesem Buch sind allesamt hochenergetisch und können Dich sowohl in deinem persönlichen Bewusstwerdungsprozess unterstützen, als auch ein wertvoller Begleiter für das Leben im goldenen Zeitalter sein.
Wir alle sind frei und so spüre selbst in Dich hinein, wo Du beginnen möchtest.
Vielleicht blätterst Du erst einmal in Daumenkinomanier und schaust, wo es Dich hinführt.
Vielleicht hast Du schon ein konkretes Ziel, wenn das der Fall ist, schau doch einfach ganz hinten, da findest Du eine Themenliste mit Stichworten zum Nachschlagen.
Vielleicht ist es auch hilfreich für Dich, zunächst meine Ausführungen zu lesen, um Dir ein Gesamtbild zu verschaffen.
DU bist DU - mit all Deinen Vorlieben – und Du bist perfekt so wie Du bist.

Für mich ist es ein wundervolles Gefühl dieses Buch zu schreiben, das war schon immer mein Wunsch und nun ist es so weit. Dank der Unterstützung der Engel und aufgestiegenen Meister, wurde mir dies nun ermöglicht.

Ich wünsche Dir viel Freude beim Lesen und noch mehr Freude bei der Anwendung.

Liebevolle Herzensgrüße,

Deine Seeleninsel ~ Heike Saviera

Wie alles begann

Ich war schon immer ein kleiner Schreiberling, schon als Kind. Ich erinnere mich, dass ich als Jugendliche immer Geschichten geschrieben habe.

Auch in meiner Tätigkeit als spirituelle Wegbegleiterin habe ich schon so einige Scripte geschrieben, immer mit sehr viel Freude. Den Gedanken ein Buch zu schreiben, habe ich also schon „immer".
Nur worüber?

Diese Antwort bekam ich im Mai 2013, als ich gerade eine liebe Freundin und Impulsgeberin an der Ostsee besuchte.
Als wir so aufs Meer schauten und die Wasservögel beobachteten, fragte ich spontan, ob wohl ein Vogel etwas zu erzählen hätte.

Die Vögel nicht – aber das Wasser hatte etwas zu erzählen, meine Freundin durfte hierfür Kanal sein und uns wurden ein paar Zusammenhänge erklärt, die uns zuvor noch nicht so bewusst waren.

Das Meer erzählte uns von den Erdschichten, die sich nun langsam besser energetisch verbinden könnten, so dass die spirituelle Arbeit bei uns in Norddeutschland leichter gehen würde. Zuvor war dies schwierig, weil Energien blockiert waren.

Es sagte uns auch, dass Mutter Erde keine Heilung mehr benötige, da sie bereits im höheren Bewusstsein verankert sei und dass es nun darum ginge uns selbst zu heilen und uns mit den Erdkristallen zu verbinden, denn durch sie erhalten wir Zugriff zu kosmischem Wissen.

Als ich später wieder zu Hause war, erhielt ich eine kleine Meditation zur Verbindung mit den Erdkristallen, du findest sie bei der Erlöserenergie.

Ich führte die Meditation aus, verband mich regelmäßig mit dem

Erdkristall und nach ganz kurzer Zeit träumte ich das erste Energieanrufungsbild.
Wobei es nicht direkt im Traum war, sondern kurz vorm Einschlafen. Es sah aus, wie eine Projektion an der Zimmerdecke, es war so deutlich und so präsent, dass ich wusste, ich würde es nicht vergessen.

Erst Tage später malte ich es aus der Erinnerung heraus auf, ohne genau zu wissen, was das werden sollte.
Dies war die Anrufung der Christusenergie.

Ich fragte dann bei der geistigen Welt nach, was es damit auf sich hatte und es war plötzlich glasklar - es sollte ein Buch werden mit 12 Energieanrufungen.
Ich gebe zu, ich war total aus dem Häuschen ... mein Traum ein Buch zu schreiben konnte sich endlich manifestieren, weil ich es losgelassen hatte ein Thema zu suchen.

Und so empfing ich plötzlich weitere Bilder.
Mal kamen sie im Tagesbewusstsein, mal bekam ich den Namen und malte drauf los und ein Symbol hatte ich sorar schon im Jahr 2011 gemalt, seitdem hängt es bei meiner Mutter an der Wohnzimmerwand – die Energieanrufung Balance. Keine Angst, meine Mutter hat ihr Bild noch, ich habe das Symbol noch mal gemalt.
Es ist schon faszinierend, wenn sich ein Kreis so deutlich schließt.
Alles hängt irgendwie zusammen und hat seinen Sinn, auch wenn es manchmal Jahre dauert dies zu erkennen.

Ja und nach und nach entstanden die Energieanrufungsbilder, oft wusste ich nach dem Malen nicht, wofür diese Energien genutzt werden können, ich war nur fasziniert von der Strahlkraft.
Doch auch dies erschloss sich mir langsam, als ich dann begann mich mit den Texten für dieses Buch zu befassen, ich stellte z.B. fest, dass ich schon einiges zu diesen Themen gechannelt hatte und so wirst du unter anderem auch Auszüge aus diesen Channelings hier finden können.

Ja so fügt sich alles zusammen und die Freude beim Schreiben wurde immer größer.

Und bevor du nun tiefer in die Materie einsteigst, möchte ich noch auf zwei Dinge kurz hinweisen. Ich wähle hier ganz bewusst die DU-Form, weil wir Lichtfreunde uns ohnehin immer duzen und wir uns so viel näher sein können, als beim distanzierten „Sie“.

Außerdem habe ich bewusst auf männliche und weibliche Formen verzichtet.
Dies würde das Buch unnötig verwirren und ich bin sicher jeder Leser weiß für sich sehr gut ob er männlich weiblich oder etwas dazwischen ist.

Danke für DEIN Vertrauen ♥

Einweihungen im goldenen Zeitalter

Eine Einweihung / Initiation / Weihe / Einstimmung ist die rituelle Weitergabe einer Energie / Befähigung von einem dafür initiierten Lehrer.
Bei der Einweihung wird sozusagen ein Schlüssel übergeben, den man dann nur noch nach einer bestimmten Anleitung nutzen muss, um den Zugang zu einer Energie zu erhalten.
Denk dran, wie machtvoll dein Haustürschlüssel ist ☺
In der heutigen Zeit brauchen wir für vieles keine Einweihung mehr von einem außenstehenden Menschen.
Viele Energien stehen uns einfach so zur Verfügung, ohne das jemand uns diese übertragen muss.
Wir bekommen dann quasi den Haustürschlüssel direkt vom Eigentümer ohne Makler und Verwaltung☺

Botschaft von der geistigen Welt:

„Grundsätzlich sind Aktivierungen von Menschenhand nicht notwendig, das menschliche Glaubenssystem benötigt aber vielfach ein Ritual / eine Einweihung usw., weil ihr in einem Machtgefüge aufgewachsen seid, das euch über Jahrhunderte eingeprägt hat (von der Kirche usw.), dass ihr es nicht allein könnt, dem ist aber nicht so.
Was bleibt sind Wegbegleiter, die als Lehrer auf Augenhöhe z.B. wie beim Reiki den Weg unterstützen, euch Techniken beibringen usw. Diese Wegbegleiter zeigen den Menschen die Benutzung des Schlüssels und des Schlosses, die sie schon seit Anbeginn der Zeit in sich tragen. "

Wir sind am Beginn eines neuen Zeitalters und dürfen endlich unsere göttliche Schöpfermacht wieder annehmen und uns erlauben, selbst Zugang zu allem, was wir benötigen, zu bekommen.
Dies gilt auch für Energien.

Sicher gibt es Energien, bei denen immer noch eine Einweihung von einem anderen Menschen sinnvoll ist, z.B. bei Reiki, Besprechen usw. einfach aus dem Grund, dass es hier sehr viel

Grundlagenwissen zu vermitteln gibt und wenn man anderen Menschen als Heilkanal dienen möchte, dann sollte man bestimmte Dinge wissen.
Es gibt aber auch Energien, die vor allem für die Selbstheilung (und mit Erfahrung auch für die Fremdheilung), einfach nur durch deine Absicht zu dir kommen. Ist dies einmal nicht der Fall, ist diese Energie noch nicht bereit für dich.
Denn die Energie, die du rufst, sollte auch in deine energetischen und körperlichen Strukturen passen.

Ich gebe dir mal ein Beispiel:
Als ich das erste Mal Erzengel Metatron channelte (channeln = Botschaften aus der geistigen Welt empfangen), konnte ich nur ein paar Sätze empfangen, weil die Energien für meinen Körper kaum auszuhalten waren. Mir wurde schwindelig und ich schwitze usw.
Die Energie von Metatron ist eben extrem hoch, wie der Name schon sagte: Er steht neben dem Thron Gottes.
Nach einer gewissen Zeit gewöhnte mein Körper sich an die hohen Schwingungen und inzwischen kann ich problemlos jederzeit mit ihm in Kontakt treten, ohne gleich aus den Latschen zu kippen.

Und so ist es auch mit anderen Energien.
Es sind unglaublich viele Energiesysteme auf dem Markt, von Sinn oder Unsinn will ich gar nicht sprechen, denn alles hat seine Berechtigung.
Viele Systeme sprechen von sehr hohen Energien und dass nur noch diese wirken in der neuen Zeit.
Die alten Energien, wie z.B. Reiki und Besprechen, haben angeblich keine Wirkung mehr.
Nun habe ich aber aus sicherer Engel-Quelle erfahren, das dem nicht so ist, sondern, dass sich auch die alten Energien der neuen Zeit anpassen und immer noch aktuell sind (diese Botschaft findest du gleich hinter diesem Abschnitt), außerdem sind sie gute Grundlagen, um durch den bewusst geöffneten Kanal die neuen Energien leichter in sich aufzunehmen.
Natürlich gibt es da noch jede Menge andere Möglichkeiten, aber verzeih mir bitte, ich bin nun mal Reikianerin.

Auf meiner Website www.die-seeleninsel.de steht unter der Rubrik Einweihungen geschrieben, dass es Sinn macht Einweihungen so zu gestalten, dass sich die Schwingungsfrequenzen nach und nach erhöhen, anstatt gleich mit den höchsten Energien zu starten.
Wir fahren ja auch im ersten Gang mit dem Auto an und nicht mit dem fünften.
Oder bist du bei deiner Einschulung gleich aufs Gymnasium gekommen?
Nun, was ich damit meine ist, dass es nicht immer auf „hoch, höher, am höchsten" bei Schwingungsfrequenzen der Energien ankommt, sondern eher darauf, was jetzt in diesem Moment für dich oder deinen Klienten gerade passend ist.

Das goldene Zeitalter lädt uns dazu ein, aus der Wertung hinauszutreten und einfach nur wahrzunehmen und zu SEIN.
Diese Energieanrufungen sind allesamt frei zugängliche Energien, bei denen es keiner Einweihung bedarf, dies hat mir Metatron versichert. Auch wenn du vielleicht auf der einen oder anderen Internetseite zu einigen Energien trotzdem Einweihungen findest.
Nichts ist gut oder schlecht, es IST einfach und es darf beides nebeneinander existieren, es ist genug für alle da, wähle einfach deinen eigenen Weg.
Die Energieanrufungen sind so konzipiert, dass du soviel Zugang zur Energie erhältst, wie es für dich, deinen Körper bzw. deinen Klienten passt.

Mit Hilfe der Energieanrufungsbilder kannst du die sehr heilsamen, hochschwingenden Energien ganz einfach abrufen.
Die Bilder dienen hierzu als Portal, als Schlüssel.
Schlüssel – hatten wir das nicht gerade?
Ja, du kannst die Bilder wie einen Schlüssel nutzen, um Zugang zur Energie zu erhalten, ähnlich wie bei einer Einweihung, im Prinzip kannst du es also als eine Art Selbsteinweihung ansehen.

Natürlich kannst du Energien auch einfach so rufen, denn sie sind ja jedem zugänglich. Erfahrungsgemäß ist es so, dass mit

Hilfe dieses Werkzeugs die Energie schneller und leichter zugänglich wird, weil sie bereits in diesem Bild steckt.

Als nächstes nun die bereits angekündigte Botschaft, die ich 2011 von Metatron erhielt:
Ich stellte die Frage für mich und bezog mich dabei auf Reiki, die Antwort gilt aber grundsätzlich für alle alten Energien.

„Liebe Engel ich habe da mal eine Frage an Euch:
Es wird viel über die neuen Energien berichtet, es gibt jede Menge neue Energiesysteme, da frage ich mich, was mit der Reikienergie ist.
Ist Reiki überholt oder noch aktuell oder wird es sich vielleicht verändern?"

Botschaft von der geistigen Welt

Erzengel Metatron - Reiki und neue Energien

„Geliebte Seelen, die ihr seid, ich grüße euch im Licht des Einen, mein Name ist Metatron.

Zunächst einmal ist es so, dass die alten Energien, wie z.B. Reiki nicht auf einmal verschwinden werden und plötzlich unbrauchbar oder überholt sind, wie manche irdische Seelen behaupten mögen.

Nein, dem ist nicht so, es wird viel mehr nebeneinander existieren können und jeder wird nach seinem Entwicklungsstand zu den Energiesystemen kommen, die für ihn passen.

Nur weil viel Neues hinzukommt, heißt dies nicht, dass das Alte nichts mehr taugt. Auch wenn es darum geht Altes loszulassen in dieser neuen Zeit, gilt dies nicht gezwungenermaßen auch für alte Heilsysteme, denn sie alle erhalten durch die Energieanhebung eurer Energiefelder und dem Energiefeld der Erde automatisch eine Anhebung und Anpassung.

Nur weil viel Neues hinzukommt, heißt es nicht, dass das Neue für alle das Beste ist und dass es wertvoller ist, als die alten

Systeme, zu denen auch Reiki zählt.

Es gibt viele alte Systeme, die nach wie vor Gültigkeit haben und nun mit der neuen Energie einfach auf ein höheres Niveau angehoben werden und euch leichten Zugang zu höheren Energien ermöglichen.

Reiki ist universelle Lebensenergie, wie kann diese plötzlich nicht mehr wirksam sein? Wäre es so dann wäre alles Leben dahin.

Euer eigenes Energiesystem erhöht sich, das ist den meisten bewusst, und so erhöhen sich auch die Energien eurer Einweihungen, die ihr einst erhalten habt, in welchem Energiesystem auch immer.

Es ist also nichts verloren, es wird auf eine andere Ebene gehoben. Es erfolgt eine Aufhebung der Dogmen, der strengen Regeln, die einst benötigt wurden, damit die alten Energien nicht missbraucht werden konnten.

Reiki ist nach wie vor ein ganz wundervolles Energiesystem, wie viele andere es auch sind, dies ist ein traditionelles System, welches einst Usui übergeben wurde und seinen Ursprung in Atlantis hat. Ziel war es der Welt wieder Zugang zu gewähren zur universellen Energie. Reiki ist somit eine Grundlage eurer heutigen Energien, ohne Reiki und die anderen alten Energiesysteme, könnten die neueren Energiesysteme bei euch nicht existieren.

Oder hätte jemals das Auto erfunden werden können, ohne das zunächst das Rad erfunden wurde? ...und das Rad kann man nun mal auch nicht neu erfinden.

Es ist nun über viele Zeiten möglich gewesen, nur durch den initiierten Lehrer eine Einweihung zu erhalten und somit Zugang zu Energien zu bekommen, um selbst Kanal zu sein.

Doch im goldenen Zeitalter ist dies anders.

Jeder Schüler wird selbst sein Lehrer sein…

Es bedarf grundsätzlich in der neuen Zeit weder Lehrer noch Einweihungen im herkömmlichen Sinne.

Sofern eine Seele bereit ist, die Eigenverantwortung zu übernehmen und dieses in vielerlei Hinsicht schon tut, ist es dieser Seele auch möglich in die Eigenermächtigung zu gehen.

Dies heißt nicht, das nun alle Reikilehrer arbeitslos werden, sie werden als Wegbegleiter auf Augenhöhe fungieren und das notwendige Wissen weitergeben.

Es wird immer mehr Menschen geben, die sich selbst einweihen, sich selbst ermächtigen können in Energiesysteme. Des Weiteren werden noch Verfeinerungen, Ergänzungen hinzutreten, die durch die Energieerhöhung, durch die höheren Schwingungen ein größeres Maß an Heilung, in kürzerer Zeit und in Ganzheitlichkeit erlauben werden.

Das Handauflegen ist eine Gabe, die jeder Mensch in sich trägt, von Geburt an und es erfolgt durch die Einweihung nur eine Erinnerung, eine Öffnung des Kanals, der in Vergessenheit geraten ist oder im Laufe der menschlichen Entwicklung verschüttet wurde. Und so ist es euch also auch möglich durch die neue Zeit und den Aufstieg, diese Fähigkeiten und nicht nur diese, dazu gehört auch das Empfangen solcher Botschaften, wieder zu erwecken.

Euch ist bewusst, dass die Energie immer fließt und da Gedanken immer mehr an Kraft gewinnen, ist es ausreichend eure Gedankenenergie gezielt auszurichten.

Das gezielte Ausrichten will jedoch auch gelernt sein, denn es erfordert Hingabe, Konzentration und Liebe.

So wird es für jede/n einen Weg geben oder mehrere und alle sind richtig und gut, so lange sie aus dem Herzen heraus und im Lichte geschehen. Manche gehen Umwege und diese Umwege sind genau für die Entwicklung dieser Menschen sehr, sehr wichtig.

Ihr könnt mit tausend neuen Energiesystemen die göttliche Energie nicht neu erfinden, sondern ihr nur eine andere Form, einen anderen Ausdruck verleihen. Alles liegt bereits in euch, vergesst dies nicht und deshalb ist es Zeit für viele von euch in die Selbstermächtigung zu gehen, wie es teilweise schon gelehrt wird, dies wird sich mehr und mehr verstärken.

Erkennen werdet ihr, dass ihr nur selbst euer eigener Lehrer sein könnt. Ihr braucht keine Gurus und Führer... Gott allein ist euer Führer und da ihr alle göttlich seid, könnt ihr euch selbst lehren.

Erkennt euren inneren Lehrer.

Was es bedarf sind Menschen, die anleiten, die unterstützen den eigenen Weg zu erkennen und zu gehen.

Initiatoren im Sinne von „Anzünder" eures inneren Feuers, Begleiter die euch unterstützen den Seelenweg zu gehen, denn er führt geradewegs nach Hause.

Es heißt nicht, geliebte Seelen, dass ihr unter euch, die ihr Lehrer seid, euch von nun an nicht mehr als Lehrer bezeichnen sollt, niemals würden wir euch so etwas vorschreiben, vielmehr ist vielen von euch ja schon bewusst, was eure Verantwortung dazu ist.

Dies sei noch einmal für alle eine Aufschlüsselung und Erklärung, die dies eben noch nicht so klar erkennen, für alle Lehrer und Gurus unter euch, die noch glauben, nur ihr Weg sei der Richtige.

Der richtige Weg für dich ist DEIN Weg.

Seid euer eigener Lehrer.

Doch scheut euch nicht euch Begleiter für euren Weg zu suchen, die euch unterstützen euren eigenen Weg zu erkennen und zu gehen.

Dies soll nun zunächst alles sein zu diesem Thema.

Seid gesegnet und geehrt, dass ihr so wunderbar den Plan des Einen zu erfüllen vermögt.

In Liebe, Metatron. Amen."

Was ist eigentlich Energie?

Energie – was ist das eigentlich?
Gute Frage...
Energie ist alles und nichts....aber wie kann man das in Worte fassen?
Ich erachte es schon als wichtig in einem Buch über Energien, dieses wichtige Wort genauer zu beleuchten...
Da ich mich mit der Erklärung doch etwas schwer tue, habe ich die geistige Welt befragt und eine Botschaft von Ashtar Sheran hierzu erhalten.

Botschaft von der geistigen Welt

Die Welt der Energie - Ashtar Sheran

„OMAR TA SATT (Gruß der Lichtarbeiter) meine Lieben.
Ich bin Ashtar Sheran, ich habe nie auf Erden gelebt, denn ich bin Kommandant einer Sternenflotte, die Lichtarbeiter unterstützt und Botschafter des Friedens und der Liebe ist.

Manch einem von euch mag dies sehr nach Science Fiction klingen, doch spürt tief in euch die Wahrheit. Ich unterstütze euch dabei, eure inneren Begrenzungen zu erlösen und die Dinge aus einer höheren Sicht zu sehen. In dieser Botschaft soll es um das Thema, neue Energie, freie Energie, Energiearbeit gehen und wie ihr sie nutzen könnt.

Viele von euch nutzen das Wort „Energie" häufig, doch wisst ihr auch, welche Bedeutung die Energie für euer Leben hat?
Energie IST Leben – ohne sie würde es kein Leben geben.
DU bist Energie.
Ihr handelt damit, ihr erzeugt sie, ihr wandelt sie um, verbraucht sie, speichert sie und könnt sie doch nicht riechen, schmecken oder hören.
Viele Geschäfte werden mit Energie gemacht, von wenigen Mächtigen, deren Machtstrukturen nun nach und nach aufbrechen.

Ihr könnt Mutter Erde, die bereits im höheren Bewusstsein ist, nacheilen, dazu bedarf es weniger der Massengebete für Krisengebiete, sondern viel mehr der Selbstreflexion.

Jeder darf bei sich bleiben, die Liebe und Freude leben, seine eigenen Themen lösen, denn dies wird viel schneller Frieden schaffen, als all das agieren im Außen.
Dies soll keine Schelte oder sogar ein Verbot sein, so etwas steht uns nicht zu, seid ihr doch die wahren Schöpferwesen, macht euch nur bewusst, was ihr tut und für was ihr betet, denkt auch immer einen Schritt weiter.
Denn auch aus der allerhöchsten Liebe heraus lässt sich Frieden nicht erzwingen. Findet den Frieden in euch selbst.

Drückt ihr jemandem etwas auf, von dem ihr nicht wisst, ob er es haben möchte, bedenkt, dass dies auch Auswirkungen auf euch haben wird. Sendet dem Menschen, der euch eure Schattenanteile spiegelt nicht einfach nur Liebe, sondern akzeptiert ihn und nehmt ihn so an, wie er ist und dann schaut bei euch selbst.

Alles ist mit allem verbunden, und jede kleine Bewusstseinsveränderung in euch selbst bewirkt eine Bewusstseinsveränderung im gesamten Kollektivbewusstsein der Menschen.
Jeder einzelne von euch ist gefragt!
Wird euch nun bewusst, was Energie ist und was sie bewirken kann, wenn ihr sie bündelt? In dem ihr euch klar ausrichtet, könnt ihr die Energie gezielt lenken.
Gedanken und Gefühle sind Energie und Energie ist Lebenskraft, die in ALLEM fließt, was IST. Es gibt nichts, was keine Energie ist und deshalb steht sie uns grenzenlos zur Verfügung, es wird nun Zeit für die Menschheit diese Energien auch zu nutzen.

Die neue Energie fließt stetig auf die Erde, auf der ihr euch befindet. Sie fließt auch in euch und deshalb ist gerade so viel im Umbruch bei jedem einzelnen. Jeder Mensch durchläuft seinen eigenen Transformationsprozess, der das verabschieden und loslassen von der alten Energie beinhaltet, genauso, wie das

einladen und das hingeben an die neue Energie.
Es gibt hier kein zurück mehr.

Stellt euch einen Topf mit Wasser vor – voll bis zum Rand, dieses Wasser ist alte Energie. Soll nun neues Wasser in den Topf hinein, weil das Alte schon so abgestanden ist, müsst ihr entweder freiwillig etwas abgießen oder es fließt meist mit viel Emotionen und Schmerz verbunden über den Rand. Es kocht sozusagen über.
Alles was an altem abgestandenen Wasser über den Rand gelaufen ist, könnt ihr nicht wieder hinein tun.

Und das ist es, was gerade geschieht mit euch.
Es ist Zeit diese Dinge zu heilen.
Die neue Energie ist stärker, als die alte und wird diese nach und nach transformieren. Nichts geht verloren, es ändert nur seine Form. Festgefrorenes wird nun schmelzen und zu einem frei fließendem Fluss werden.
Die neue Energie hat sehr hohe Schwingungen und je mehr ihr euch auf sie einlasst, desto höher werden auch eure Schwingungen und desto näher kommt ihr der 5. Dimension.
In der neuen Energie ist einiges anders, dies bekommen die Lichtarbeiter als erstes zu spüren.

Es können keine Depots mehr angelegt werden, weil in der neuen Energie alles dem stetigen Fluss des Lebens unterworfen ist.
Es wird immer für euch gesorgt sein, dass was ihr braucht wird da sein. Ihr dürft nun alles, was materiell ist, loslassen und dem Fluss des Lebens übergeben.
Dies erfordert für euch Menschen enormes Vertrauen, doch habt ihr einmal diese Schwelle überschritten, wird dies euer Befreiungsschlag sein.

Auch die Energiearbeit transformiert sich.
Die alten existieren Energiesysteme passen sich an die neue Energie an und bilden die Grundlage für energetische Heilarbeit in der neuen Zeit, die in Kombination mit anderen Methoden zur Ganzheit führen wird.

Denn es ist nicht euer Körper, der erkrankt, es ist euer Energiesystem.

Energie hat viele Formen und Namen, eine Energie der Neuzeit, von der ihr noch viel mehr erfahren werdet, ist die freie Energie.
Es gab sie schon immer, doch erst in der Neuzeit ist es wieder möglich sie nutzbar zu machen, wie einst in Atlantis und Lemuria.
Das Prinzip der freien Energie ist, dass sie jedem jederzeit kostenlos zur Verfügung steht.
Die freie Energie ist nichts anderes als die Nullpunktenergie, die Urenergie, die auch Tachyonenergie genannt wird.
Tachyonen sind schneller als das Licht und erzeugen eine extrem starke Bewegungsenergie, die dazu genutzt werden kann, freie Energie zu bündeln.

Es existieren schon viele Ideen in den Köpfen der Menschen, doch was es braucht, sind mehr Menschen, die die freien Energie für möglich halten, die sich auf die Schwingungen einstimmen, um so eine Kettenreaktion im Kollektivbewusstsein auszulösen.
Ihr braucht dazu nur das innere Ja-Gefühl voller Freude ganz bewusst ins Kollektiv fließen zu lassen.
„Ja, das ist möglich, ja das möchte ich."

Die Nullpunktenergie, oder Tachyonenergie ist die kosmische Ordnung, sie kann in einer bestimmten Form, z.B. in einem Kristall gebündelt, Energie so konzentrieren, dass sie nutzbar wird. Nicht im herkömmlichen Sinne speicherbar, denn die neue Energie ist nicht darauf ausgerichtet Depots anzulegen, es ist immer genug Energie für alle Menschen vorhanden.

Damit sich die freie Energie manifestieren kann, bedarf es vielerorts der Energieanhebung, sowohl des Gebiets, in dem die freie Energie gebündelt werden soll, als auch eine Energieanhebung der Menschen, die diese Projekte unterstützen möchten.

Die Energieanhebung ist in sofern kein „Übergriff", da ihr vorher immer mit dem Ort und mit den dort lebenden Wesen in Kontakt treten solltet.

Liebe Menschen ich bitte euch jetzt, öffnet eure Kanäle, so dass die kosmische Energie, die universelle Energie, das Ki, das Prana, das Chi ungehindert durch euch hindurch fließen kann.

Je mehr die Energie frei fließen kann, desto kraftvoller werdet ihr euch fühlen, desto leichter werdet ihr transformieren und loslassen können und desto schneller könnt ihr, die für alle Menschen kostenlos zugängliche, freie Energie manifestieren.

DU, DU und DU kannst einen großen Beitrag dazu leisten, das diese Fiktion sich realisiert.

AN'ANASHA (Dankbarkeit), euer Ashtar Sheran."

Wozu Energieanrufungen?

Weil ich ein Buch schreiben wollte ☺... und weil es sinnvoll und für alle Menschen anwendbar, lesbar und ein bisschen hilfreich sein sollte und weil die geistige Welt meinte, dass ich so alles miteinander vereinen kann.

Ok, das ist vielleicht nicht die eleganteste Erklärung, doch es ist die Wahrheit und ich bin ein wahrheitsliebender Mensch.

Für mich müssen die Dinge Sinn machen und vor allem Freude und du glaubst gar nicht, wie viel Freude es mir macht, mit diesen Energien arbeiten zu dürfen und dieses Erfahrungen zu Papier zu bringen.

Wie ich schon in „wie alles begann“ beschrieb, wurde ich dorthin geführt, weil mein Wunsch so groß war und sich endlich manifestieren wollte.

Die Energieanrufungen können dich auf deinem Weg im und ins goldenen Zeitalter unterstützen, indem sie dir helfen Themen zu klären, Kraft zu schöpfen, loszulassen, geschehen zu lassen, deiner Seele immer näher zu kommen, dein Licht auf Erden zu manifestieren, Liebe und Mitgefühl zu integrieren, dein Leben ins Gleichgewicht zu bringen, Emotionen zu transformieren und zu erlösen, die Selbstheilungskräfte anzuregen und vieles mehr.

Ich erhielt im Jahr 2012 eine Botschaft von Erzengel Gabriel, die den Wandel, den Weg ins goldene Zeitalter beschreibt und warum wir hier sind.

Die Energieanrufungen können uns auf diesem Weg unterstützend zur Seite stehen.

Botschaft von der geistigen Welt

Erzengel Gabriel - der Wandel in Dir

„Geliebte Menschenkinder, gesegnet und geehrt seid ihr ALLE, denn ihr seid auf Erden in diesen Zeiten des Umbruchs, um der Erde bei ihrer Wandlung beizuwohnen.
Eine aufregende Zeit, in der es immens viel zu lernen gibt, ist dies und genau aus diesem Grunde habt ihr euch auch entschieden zu inkarnieren, um diese Zeit des Liebesbewusstseins zu erleben und zu begleiten.

Viele unter euch sind bereits erwachte Lichtarbeiter, die sich ihrer Aufgabe in dieser Zeit bewusst sind. Andere sind gerade dabei zu erwachen und suchen nach ihrer Aufgabe, nach ihrer Berufung, nach ihrem ganz eigenen Weg und wieder andere „schlafen“ noch ein wenig. Doch die Wandlung wird sich vollziehen, ob bewusst oder unbewusst, die neuen Energien sind da… Auch an den noch Schlafenden wird der Wandel nicht spurlos vorbeigehen, denn sie werden mitgezogen von der Energie der Mehrheit.

Ihr alle seid Individuen – und das ist gewollt - nutzt eure Einzigartigkeit!
Alle zusammen seid ihr EINS, seid miteinander vernetzt und verbunden und doch setzt sich diese große Einheit aus vielen individuellen Puzzleteilen zusammen.
Jedes Puzzleteil ist genauso wichtig und wertvoll, wie das Ganze, denn ohne dich, oh lieber Mensch, wäre die Ganzheit unvollständig – du bist so wundervoll, ja genau DU.
Jeder von euch kann seinen Teil dazu beitragen, jeder auf seine Art.
Nimm deine Einzigartigkeit an, all dein Licht und all deine Schatten, nutze sie zum Wohle aller und folge deinem Herzen, denn so findest auch du deinen Weg zur Einheit mit Allem-was-IST.

Lieber Mensch, lasse dein Ego fallen und lebe deine Einzigartigkeit … dies klingt unvereinbar, doch der feine Unterschied ist klar zu erkennen:

Dein Ego arbeitet im Dienste der Macht und der Kontrolle, deine Individualität ist jedoch Teil der dir innewohnenden Göttlichkeit und arbeitet im Dienste des Einen. So darf sich dein Ego transformieren vom Dienste des Ichs in den Dienst der Menschheit.
Ihr seht, keine Eigenschaft, kein Teil eurer Selbst ist schlecht, lernt nur euren Schatten zum Wohle aller zu nutzen und ihr werdet Wunder erleben…
Nur in der Annahme aller Seiten eurer Selbst werdet ihr in euch GANZ werden können.

Der Bewusstseinswechsel nun, ihr Lieben, geschieht bei jedem Menschen zu seiner Zeit, es ist nicht so, dass plötzlich ein Ruck durch die Welt geht und alles komplett verändert ist, wenngleich es manches Mal den Anschein haben mag... doch Schein ist nicht Wirklichkeit, die wirkt.

Der Wandel ist subtil und er beginnt IN euch.
Jeder Mensch geht hier seinen eigenen individuellen Prozess.
Natürlich wird es Entwicklungen geben, die alle Menschen betreffen, doch darüber ist schon genug gesprochen worden. Vielmehr möchte ich hier die Möglichkeit nutzen auf die Entwicklungsmöglichkeiten des einzelnen Erdenwesens hinzuweisen.
Wir, die geistige Welt, werden durch das Medium, durch das wir zurzeit sprechen, euch im Zuge dieses Buches begleiten in den Zeiten des Wandels.

Es sind die Jahre der Transformation und Transformation findet fortwährend statt, denn ohne Wandel und Veränderung wäre Stillstand und Stillstand ist der Tod, der nicht existiert.
Ihr alle seid von der Transformation betroffen, doch uns geistigen Wesen ist es nun wichtig hier dem Einzelnen die Auswirkung auf sein Leben zu erläutern, ich bin dankbar über die Möglichkeit euch auf diesem Wege berichten zu können. Ich habe hier nicht die Möglichkeit jedem Leser in diesem Kontext eine Botschaft zukommen zu lassen, so möchte ich jetzt die Menschen ansprechen, die mit den neuen Energien zu kämpfen haben, denen es zurzeit nicht gut geht und die sich nach Licht am Ende ihres Prozesses sehnen.

Die Transformation in der ihr euch befindet macht sich auch im alltäglichen Leben bemerkbar, z.B. durch Arbeitsplatzverlust, Veränderungen im Freundes oder Familienkreis, bis hin zum Zusammenbruch des „Alltäglichen“.

Auch der spirituelle Bereich ist betroffen, so machst ihr euch z.B. verstärkt auf Sinnsuche und suchst den Kontakt zu uns. Vielleicht habt ihr auch seelische Probleme, euch wird alles zu viel, ihr seid kraftlos, oder gar ausgebrannt oder unzufrieden? Besonders deutlich zeigt sich dieser Prozess jedoch im körperlichen Bereich durch die sogenannten Lichtkörpersymptome, wie z.B. Schwindel, Kopfschmerz, Schlafstörungen, Lebensmittelunverträglichkeiten, usw.

Dies sind natürlich nicht immer Lichtkörpersymptome und sollten zunächst medizinisch abgeklärt werden, jedoch gibt es in vielen Fällen sowohl im psychischen als auch in körperlichen Bereich keine richtigen Ursachen zu erkennen, dies ist ein untrügliches Zeichen dafür, dass ihr es mit Lichtkörpersymptomen zu tun habt.
Ursache dieser Symptome sind die immer stärker werdenden Energien auf Erden, denn ihr werdet ständig von neuen Energiewellen überrollt. Dies dient dazu, eure Schwingungen zu erhöhen und eure Körper an die neue lichtvolle Struktur anzupassen.

Manche von euch sind noch nicht bereit sich so tief auf diese neuen Energien einzulassen und so entstehen inzwischen auch immer mehr körperliche Schwierigkeiten.
Menschen mit wenig Erdung haben hier besonders starke Probleme, sie haben teilweise das Gefühl regelrecht den Boden unter den Füßen zu verlieren…vielleicht gehört ihr auch dazu?

Um mit diesen Lichtkörpersymptomen, besser zurecht zu kommen verbindet euch häufig mit der Erde, ihr benötigt einen festen stabilen Anker in der Erde, um nicht den Boden unter den Füßen zu verlieren.

Wichtig ist es auch für viele von euch, eure energetischen

Grundlagen zu verbessern, indem ihr euch bewusst den Energien öffnet, sei es in Kursen, energetischen Einweihungen oder ganz einfach zu Hause in der Stillemeditation.

Diese Energiewellen stupsen euch an, eure Wahrheit zu leben, eurer Berufung zu folgen und euren Weg zu gehen – nichts mehr zu tun, was euch nicht entspricht… alle alten Strukturen und Systeme funktionieren plötzlich nicht mehr, sie brechen nun auf und wenn sie aus Angst, Macht und Egoismus gewebt wurden, fallen sie auseinander, wie ein Kartenhaus.

Dies ist im Außen gut zu erkennen in eurer Wirtschaft und eurer Politik… doch auch in eurem Inneren ist es so, vielleicht mögt ihr noch nicht so genau hinschauen, denn es ist nicht leicht das Alte hinter sich zu lassen, ohne zu wissen, wann und wie das Neue kommt.
Seid bereit Altes gehen zu lassen, es ist an der Zeit euch dem Leben hinzugeben.

Loslassen – einlassen – zulassen.

Manches Mal sind diese Stupser etwas unsanft und ihr geratet ins Straucheln.
Seid euch bewusst liebe Kinder, es geschieht nichts, was ihr nicht bewältigen könnt.
Und ist es zu viel, so wendet euch an einen der unzähligen Lichtarbeiter, die schon ein Stückchen weiter im Prozess sind – das ist ihre Aufgabe, sie helfen euch den Weg zu finden, euer Licht zu erkennen. Die meisten von euch haben in ihrem näheren Umfeld, im Freundeskreis Menschen, die euch den Weg zeigen können.

Scheut euch auch nicht uns zu befragen, jeder von euch hat diese Gabe, jeder von euch kann mit seinem höheren Selbst sprechen, jeder kann sich öffnen für die Botschaften der geistigen Welt, das ist nicht nur auserwählten Menschen vorbehalten!
Ihr könnt es, spürt nur genau hin und bittet um Führung, wir leiten euch, vertraut!

Folgt eurem Herzen – es kennt den Weg!

Die Gesellschaft verändert sich, das ganze Denk- und Energiesystem des Menschen verändert sich – doch zuerst verändert es sich in euch. Euer Denken, Handeln, Fühlen wird immer schneller und intensiver bewahrt euch, oh ihr Menschen, eure Mitte.
Findet euer Gleichgewicht in euch, während alles um euch herum sich verändert.

Es ist euer Weg, eure Entscheidung ob ihr bereit seid in großen Sprüngen vorwärts zu gehen oder in ganz kleinen Schritten, es ist richtig, weil es euer Weg ist…fühlt ihn!
Die Welt wird nicht untergehen, es sei denn, ihr lasst sie IN euch selbst untergehen!

Erschaffen wir gemeinsam eine wundervolle Welt, in der alle Menschen in Frieden, Fülle und Gesundheit leben können. Vertraut – und es wird geschehen!

In Liebe und Bewunderung, oh Mensch, für deinen Mut diesen Weg zu gehen.

Erzengel Gabriel.“

Wir sind Karma-frei

Was bedeutet das nun wieder?
Und was hat das mit den Energieanrufungen zu tun?
Das ist insofern wichtig für dieses Buch, als dass wir uns bewusst werden dürfen, dass wir lediglich noch emotionale Erinnerungen in uns gespeichert haben und sind diese komplett befreit, dann kommen sie auch nicht wieder.
Das ist doch mal eine gute Nachricht oder?
Hier sind besonders, je nach Thema, die Energieanrufungen „Transformationsenergie“ „Balanceenergie“ und „Erlöserenergie“ geeignet.

Die Karma-Gesetzte haben sich transformiert.
Wir sind vollständig von unserem Karma aus früheren Leben erlöst, das Einzige was davon noch übrig ist, sind Gefühle und Erinnerungen, die in unserem Emotionalkörper gespeichert sind.
Alles was noch ist, ist ein Nachhall wie das Echo eines Berges.
Das Einzige, was wir „tun“ müssen, ist geschehen lassen und erkennen. Das Erkennen geschieht in einem Prozess von ganz allein, wir können ihn durch die oben aufgezählten Energien unterstützen und den Prozess beschleunigen.

Haben wir es erkannt, dürfen wir geschehen lassen und uns dem Wandel hingeben, wir müssen es nicht "wegmachen" (lassen), es wird von alleine gehen. Wir können z.B. um die Erlöserenergie von Jesus bitten, der die von uns erkannte Seelenerinnerung im wahrsten Sinne des Wortes er-löst.
In vielen Fällen können die Energieanrufungen den Knoten lösen und ein zuvor stockender Prozess kommt wieder ins fließen.

Fällt es immer noch schwer diese Muster, Erinnerungen und Emotionen in Worte zu fassen, dem "Kind einen Namen zu geben", ist es Zeit für eine/n auf-die-Sprünge-Helfer/in.
Hier kann in vielen Fällen ein Gespräch zur Erkenntnis führen, denn bei sich selbst sieht man oft den "Wald vor lauter Bäumen

nicht".
Frei nach dem Motto - Muster erkannt - Muster gebannt...

Mit Hilfe verschiedener Techniken kann man diese Erinnerungen "löschen" und die damit verbundenen Emotionen transformieren.
„Löschen“ bedeutet NICHT, das jemand dazu befähigt ist, die Erinnerungen eines anderen Menschen einfach zu entfernen.
Es macht keinen Sinn irgendwo hinzugehen, um sich etwas „wegmachen zu lassen“.

Wir dürfen den Dingen selbst ins Auge sehen, wir sind Schöpfer unseres Lebens und niemand wird etwas bei uns wegzaubern können, was wir lieber nicht ansehen wollen.
Verdrängung funktioniert nicht mehr.

Ein großer Segen liegt darin, denn je mehr hier gehen kann, desto mehr Licht in Form von Liebe, Freude und Fülle kann in unser Leben fließen.
Und beim Gehenlassen können Energien unglaublich hilfreich sein, wie du sie nutzen kannst, ist bei den einzelnen Energien erklärt.

Sind die Erinnerungen und Muster sehr festgefahren, dann kann eine Seelenreise (Rückführung) sehr hilfreich sein, um diesem Erkenntnisprozess auf die Sprünge zu helfen und damit die Seelenerinnerungen zu heilen.
Oftmals ist es hier auch ausreichend in Meditation oder mit Hilfe einer Rückführungs-CDdas Thema zu erlösen (z.B. „Rückführung für alle Fälle“, siehe www.die-seeleninsel.de).

Es kann auch vorkommen, dass bei einer Energieanrufung plötzlich Bilder auftauchen, halte sie nicht fest, nimm sie nur wahr, werte sie nicht und notiere dir später das Gesehene.
Oftmals handelt es sich hier um Seelenerinnerungen aus früheren Leben, die dir die Ursachen deiner Emotionen zeigen.
Hier kannst du die Erlöserenergie bitten, das was du jetzt erkannt hast, zu erlösen.

In der neuen Zeit häufen wir kein Karma mehr an, denn die karmischen Gesetze existieren nur noch in unseren Seelenerinnerungen.

Haben wir die Erinnerungen gelöst und die Emotionen transformiert, können wir unser Leben mehr und mehr auf Frieden, Fülle und Freude ausrichten und die Vergangenheit endgültig ruhen lassen.

Alles ,was wir tun, hat immer noch eine Auswirkung, nur müssen wir nicht mehr über viele Leben dafür „büßen“, jegliche Wirkung wird sofort sichtbar (und nicht erst nach mehreren Leben), so dass wir die Möglichkeit haben, uns immer wieder neu auszurichten, ohne uns selbst und anderen bewusst oder unbewusst Schaden zuzufügen.

In der neuen Zeit ist alles JETZT, die Manifestation unser Gedanken in Kombination mit Gefühlen erfolgt immer schneller und schon in einiger Zeit wird es keine Verzögerung mehr geben.

Im diesem Sinne – die 3 dimensionalen Spiele sind beendet – beginnen wir endlich die Liebe zu leben.

Wie du dieses Buch für dich nutzen kannst

Grundsätzlich ist es wichtig für dich zu wissen, dass es immer nur eine Wahrheit für dich gibt, nämlich DEINE, das heißt, dass ich dir hier mit meinen Beschreibungen Anregungen gebe, damit du deine Wahrheit finden kannst. Dies gilt für alles, was du hier liest, ich zeige dir Wege auf, die ich entdeckt habe. Durch eigenes ausprobieren und wahrnehmen wirst du wahrscheinlich noch viel mehr Möglichkeiten und Wahrheiten entdecken. Damit alles schön übersichtlich bleibt, ist jede Energieanrufung immer in der gleichen Weise erklärt:

Energieanrufungsbild

Ein Schlüssel zur Energie, der dich ganz leicht mit der Energie in Kontakt treten lässt, da die Energie im Bild verankert ist.
Dieses Bild steht als Vermittler zwischen dir und der Energie zur Verfügung, du brauchst dir nur das Bild anzuschauen und die Energie (möglichst mit deinen eigenen Worten) zu rufen.
Wie das „anrufen“ geht, erkläre ich dir gleich.

Themen

Nach dem Bild folgen die Stichworte zum schnellen Nachschlagen.
Um die Suche noch mehr zu erleichtern findest du hinten im Buch eine Themenliste mit Angabe der Seitenzahl.
Anhand der Themen kannst du schnell herausfinden, welche Energie jetzt für dich passend ist.

Beschreibung

Hier wird die Energie konkret erklärt.
Von der Bedeutung der Energie bis zur genaueren Beschreibungen der Themen. Die Art und Weise der Anwendung ist bei allen Energieanrufungen gleich, zusätzliche Anwendungsmöglichkeiten sind extra beschrieben.
Alle Energien wirken schwingungserhöhend, aber nur in dem Maße, wie du es verträgst, die Energien passen sich automatisch an. Zunächst nimmst du vielleicht wenig wahr, doch mit

der Zeit wird es immer intensiver.
Meist ist die Energie am intensiven in den Händen zu spüren, vielleicht auch am Kopf, oder im Herzen. Die Energien werden mit deiner Schwingungserhöhung immer stärker durch dich hindurch fließen, würden die Energien in voller Intensität von Anfang an fließen, dann hätte dein physischer Körper Probleme damit. Wie ich schon sagte, wir fahren ja im ersten Gang an mit dem Auto und nicht mit dem fünften.
Du musst nichts tun, all dies geschieht, wenn du bereit bist, es zuzulassen und mit den Energien arbeitest.

Meine Wahrnehmung der Energie

Hier schildere ich meinen Kontakt mit der Energie, wie sie sich für mich anfühlt und die Erfahrung, die ich damit habe.
Wichtig ist: Deine Wahrnehmung kann ganz anders sein, als meine. Ganz bewusst schildere ich nicht, wie man die Energie wahrnehmen müsste und wie sie sich anfühlen soll, denn es gibt hier kein Standardprogramm, welches man abspulen kann. Jede Energie passt sich dem Empfänger-Kanal an. Im Laufe deiner Entwicklung, bzw. je öfter du mit den Energien arbeitest, desto intensiver wirst du sie wahrnehmen können.

Botschaft der geistigen Welt/Meditation

Hier findest du eine Botschaft der geistigen Welt (Channeling) oder eine spezielle Meditation / Übung von Engeln oder aufgestiegenen Meistern. Die Meditationen und Channelings sind nicht immer von dem Engel oder Meister, den man bei der Energie erwartet, jedoch arbeiten sie alle zusammen und so ist es immer passend zur jeweiligen Energie, die Engel wissen schon, was sie tun. Es braucht ein wenig Übung gleichzeitig zu lesen und zu meditieren, aus diesen Grunde habe ich die Meditationen teilweise verkürzt aufgeschrieben, damit es etwas leichter für dich zu merken ist. Du kannst dir den Text durchlesen und die Meditation aus dem Gedächtnis heraus machen oder du sprichst sie dir auf ein Diktiergerät.
Alternativ hierzu kannst du über meine Website
www.die-seeleninsel.de die Meditationen auch auf CD erhalten.

Ablauf einer Energieanrufung

Es ist bei Energien genauso, wie mit den Engeln und Meistern – wir dürfen sie einladen, damit sie mit uns zusammenarbeiten können. Von allein kommen sie nicht.
Natürlich fließen die neuen Energien grundsätzlich durch alle Menschen, ohne dass sie gerufen werden, dafür muss ein Mensch nicht „bewusst" sein. Doch hier geht es ja ums konkrete Anrufen der Energien, um etwas zu bewirken.
Engel greifen nur ein, wenn wir sie bitten und Energien können nur ganz konkret wirken, wenn wir sie rufen.
Es ist vollkommen egal, ob du Erfahrungen mit Energiearbeit hast oder nicht, es braucht hier keine Voraussetzungen, weil sich die Energien deinem persönlichen Energiehaushalt anpassen.

Sehe diesen Ablauf bitte nicht all starres Gerüst an, du entscheidest, wo du langgehst, niemand sonst.
Ich möchte dir hier einen, für mich sinnvollen, Auflauf schildern, den du dann selbst an deine Bedürfnisse anpassen kannst.
Dieser Ablauf ist für alle Energieanrufungen gleich, zusätzliche Möglichkeiten sind bei den einzelnen Beschreibungen zu finden.

Zu Beginn empfehle ich immer vor jeder Energieanrufung das klassische Erden. Das Erden hilft dir dabei, mit den Füßen fest auf dem Boden zu bleiben und lässt die Energien gleichmäßig durch dich hindurch fließen, ohne dass es dich gleich „umhaut".
Fehlende Erdung zeigt sich oft in Schwindel, das Gefühl nicht ganz hier zu sein, Kopfschmerzen usw.
Zum Erden kannst du in der Natur spazieren gehen, bewusst die Wald- / Meeresluft einatmen und Gartenarbeit machen. Du kannst dir auch vorstellen, wie dir Wurzeln aus den Füßen wachsen.

Eine Alternative hierzu sind Erdungsmeditationen, zwei verschiedene Erdungen findest du auf meiner Website zum kostenlosen Download.

Und wie ruft man jetzt eine Energie?

Du benötigst keinen komplizierten Spruch oder ähnliches.
Es reicht völlig zu sagen: „ Ich rufe (z.B.) die Erlöserenergie“
Als Zusatz kannst du noch dein Anliegen mitteilen.
Z.B. „ Ich bitte um Erlösung aus ….Situation / Emotion....“
Sage, was sich für dich richtig anfühlt, sag es laut oder leise – Hauptsache, du tust es mit ganzem Herzen.
Dann spüre einfach.
Achte bitte darauf, dass dein Anliegen wirklich aus dem Herzen heraus kommt und zum Besten Aller ist, dass dein Wunsch keine anderen Menschen beeinflusst sondern, dass du ganz bei dir bleibst. Ist es kein Anliegen, das du mit deiner Herzenskraft aussprichst, so wird die gerufenen Energie nicht wirken können. Im goldenen Zeitalter wirkt einzig und allein das, was wir mit dem Herzen aussenden.

Beginnt die Energie zu fließen kannst du die Hände mit den Handflächen nach oben halten, als ob du die Energien auffangen willst, evtl. spürst du dann ein Kribbeln oder ähnliches.
Du kannst die Hände aber auch ganz normal halten oder sie auf eine bestimmte Körperstelle legen.
Es gibt keine Regeln.
Sag der Energie, was du von ihr möchtest, wobei du Hilfe brauchst und sie wird dorthin fließen. Achte bitte auf eine positive Formulierung, lasse kein, nicht, nie usw. weg und lege den Fokus auf das, was du erreichen möchtest und zwar so,als ob es schon eingetreten ist, z.B. „Ich habe ein gesundes Knie“, anstatt darum zu bitten, keine Schmerzen mehr in dem Knie zu haben.

Ist es etwas körperliches, so kannst du den Prozess unterstützen, indem du die Hände auf die betreffende Stelle legst.
Ist es etwas geistig - seelisches, eine Situation usw. dann visualisiere dies. Stell dir einfach vor, dass die Energie, die du gerufen hast, dort hinein fließt. Du brauchst nichts zu sehen, Energie folgt der Absicht und so darfst du darauf vertrauen, dass es geschieht.

Manche Energien sind sehr subtil, so dass du vielleicht gar keinen starken Energiefluss verspürst, darum geht es aber auch gar nicht, viel hilft nicht immer viel, die Energien passen sich dir an, so wie du sie in dem Moment brauchst. Wenn du nichts wahrnimmst, heißt es nicht, dass die Energie nicht zu dir kommen möchte, hier darfst du zunächst lernen zu vertrauen und zwar dir selbst und deinen Wahrnehmungen.

Um die Energie besser aufzunehmen, kannst du dies ein bisschen mit deinem Atem unterstützen, stell dir vor, wie du die Energie einatmest.
Spüre nach, von wo die Energie einfließt.
Manches atmest du durch dein Kronenchakra (Energiezentrum oben auf dem Kopf) ein, manches durch dein drittes Auge und manches durch dein Herz.
Tue das, was sich für dich richtig anfühlt, du kannst nichts falsch machen, diese hoch schwingenden Energien funktionieren nur durch deine Herzenskraft, deshalb können sie auch nicht missbraucht werden.
Am Ende freut sich die Energie, wenn du dich bei ihr bedankst.

Hier noch mal die Kurzform:

- Erdung
- Energie zu sich bitten
- Ziel / Anliegen mitteilen
- Hände auf Körperstelle legen oder an Thema denken
- mit der Atmung den Energiefluss unterstützen
- Bedanken

Wahrnehmung bei einer Energieanrufung

Wie bereits erwähnt, hat jeder Mensch seine eigene Wahrnehmung, doch möchte ich ein paar Hinweise geben, was du für Empfindungen haben kannst.

- Körperliche Empfindungen, z.B. kribbeln, zucken, Schmerzen
- Verstärkung des Symptoms (Erstverschlimmerung)
- Warmes strömendes Gefühl, meist ein Zeichen das Energie fließt
- Hitze, hoher Energiebedarf
- Kälte, viel Energiebedarf, evtl. Blockade
- Gefühl auf Toilette zu müssen (Zeichen für Entspannung)
- Beim Handauflegen können verschieden Empfindungen in den Händen auftauchen, z.B. stechen (Transformation von Schmerz), ziehen (Energie wird aufgesogen), kleben (hoher Energiebedarf), abgestoßen werden (alte Blockade, die noch nicht zu Lösung bereit ist)
- Emotionale Reaktion
- Entgiftung ,z.B. Durchfall, Erkältung
- Wenn sich Blockaden lösen, zeigt sich das oft in Durstgefühl, Kribbeln, Gähnen, Husten usw.

Dies sind nur Möglichkeiten der Wahrnehmung, es kann sein dass du ganz andere Erfahrungen machst!

Lass einfach geschehen und vertraue, egal welche Energie du rufst, es werden mit ziemlicher Sicherheit Gefühle oder Emotionen auftreten, das ist nicht das Gleiche, doch dazu später mehr (siehe Transformationsenergie).

Gefühle wirst du in deinem Herzen spüren können, sie sind leicht und sanft. Oft wirst du wahrscheinlich auch etwas in deinem Bauch verspüren, denn dort sitzen die Emotionen, die mit dem Emotionalkörper der Aura verbunden sind, in dem die Seelenerinnerungen aus der Vergangenheit gespeichert sind.

Emotionen drängen hoch, damit sie geheilt werden können, sie sind meist als tiefer Schmerz, Angst oder ähnliches wahrzunehmen.

Egal wo du etwas spürst, bleibe in diesem Gefühl oder in dieser Emotion, das heißt, tritt kurzfristig ein kleiner Schmerz auf, z.B. im Rücken, dann gehe mit deiner Aufmerksamkeit dort hin und verweile da.
Nichts tun. Nur beobachten und annehmen.

Verstärkt sich die Emotion, die du erlösen möchtest, dann bleibe weiterhin in der Empfindung, irgendwann wird es nicht mehr schlimmer, auch wenn es manchmal schwer auszuhalten ist. Du wirst immer nur so viel wahrnehmen, wie du verträgst, deine Seele sorgt da sehr gut für dich.
Nach einiger Zeit ebbt es ab.
Du kannst es mit ein- und ausatmen an der betreffenden Stelle unterstützen.
Der Umgang und die Transformation von Emotionen ist bei der Anrufung der Transformationsenergie nachzulesen.

Grundsätzlich ist es bei Energiearbeit hilfreich viel Wasser zu trinken, denn so verteilen sich die Energien besser im Körper und können gleichmäßiger wirken.

Anwendungsmöglichkeiten mit den Energieanrufungen

Welche Energie wann?

Die Energien in diesem Energie-Buch haben alle unterschiedliche Wirkungsweisen.
Es gibt verschiedene Möglichkeiten für dich herauszufinden, welche jetzt die Beste für dich ist. Du kannst nachschlagen, dir die Stichworte anschauen oder in der Themenliste nachsehen. Du kannst auch in die Energieanrufungsbilder hinein spüren, was jetzt passend ist. Auch kannst du die Engel befragen, oder auspendeln, welche Energie du benötigst, rufe bitte immer nur eine zur Zeit. Die Energien sind nicht dazu gedacht sie zu kombinieren und es wird immer nur eine von ihnen fließen auch wenn du fünf rufst. Viel hilft nicht immer viel und weniger ist oft mehr, wie man so schön sagt. Du kannst nichts überdosieren, da die Energien sich dem jeweiligen Menschen anpassen, somit auch auch die Dauer der Anwendung nicht entscheidend. Die Absicht und die Einstellung, die du hast, sind viel entscheidender, rufst du mal so eben nebenbei beim Fernsehen eine Energie, dann wird sie auch in dieser Qualität fließen.

Anregung der Selbstheilkräfte bei anderen Menschen

Wenn wir Energien zu uns rufen, sind wir immer nur Kanal, ob wir sie nun für uns selbst nutzen oder an anderen anwenden, wir können nur die Selbstheilungskräfte anregen.
Du kannst Energien sowohl für dich selbst, als auch für anderen Menschen, Tiere, Pflanzen und Situationen anrufen.
In erster Linie geht es darum, sich mit diesen Energieanrufungen selbst zu helfen, geht es jemandem nicht so gut, dann kannst du dich auch für ihn als Kanal zur Verfügung stellst.
Grundsätzlich brauchst du dafür keine besonderen Voraussetzungen. Möchtest du dies jedoch evtl. professionell in deine Arbeit mit einbeziehen, empfehle ich immer als Grundlage mindestens 3 Jahre Erfahrung mit Energiearbeit / Anwendung von Energien zu haben.

Warum? Weil wir alle mal anfangen und selbst ausreichend Erfahrung sammeln dürfen, uns weitestgehend selbst heilen dürfen, bevor wir anderen helfen. Ich persönlich finde es jedenfalls wichtig eine gewisse Grundbildung zu haben, wenn man energetisch mit anderen Menschen arbeiten möchte.

Wenn du anderen diese Energien übertragen möchtest, gibt es nur ganz wenige Dinge zu beachten.
Gib bitte niemanden ungefragt Energie, denn das ist Manipulation, du möchtest sicher auch nicht, das jemand einfach so bei dir eingreift, dies gilt auch für Situationen, wo du nicht direkt beteiligt bist, lies bitte hierzu noch mal das Channeling von Ashtar Sheran – die Welt der Energie.
Sei bitte bei Tieren besonders umsichtig, denn sie reagieren sehr sensibel auf Energien, im Normalfall kommen sie von selbst, wenn sie unsere Unterstützung benötigen.

Du kannst nichts falsch machen. So lange du mit dem Herzen dabei bist und wirklich aus Liebe handelst, mit der reinen Absicht, das Beste für diesen Menschen zu wollen, wird dies auch geschehen.
Die innere Ausrichtung ist für Energiearbeit immer wichtig, auch wenn diese Energien nicht missbräuchlich genutzt werden können, so ist die Ausrichtung sehr entscheidend für das Ergebnis.
...und ich gehe mal davon aus, das du nicht aus Profitgier damit arbeiten würdest, denn das ist ohnehin alte Energie und in so einem Fall bleiben die Klienten meist weg, weil sie die Absicht, die dahinter steht, spüren.

Verlange nicht von der Energie oder von dir selbst, das dieser Mensch komplett geheilt wird, denn sein Seelenplan sieht vielleicht etwas anders vor. Ich bitte immer darum, das die göttliche Ordnung wieder hergestellt wird, bzw. der Mensch zu Erkenntnissen gelangt, die seine Heilung ermöglichen usw.
Heilen können wir uns immer nur selbst.
Du als Übermittler der Energie, darfst Kanal sein, alles andere liegt nicht in deiner Macht. Natürlich darfst du dein Schöpferbewusstsein bemühen, aber überlege immer genau, wofür du es einsetzt, denn vielleicht möchte ja das kleine Ego gern, das die-

ser Mensch von dir geheilt wird, damit es wieder wachsen kann. Das Ego ist nichts schlechtes es hat uns auch in vielen Situationen schon sehr geholfen, nun geht es darum es zu transformieren. Ich sage immer Selbstliebe ist transformierter Egoismus.
Bei der Energiearbeit geht es um das Geschehen lassen, um Ausrichtung auf Liebe unter Beachtung des Seelenplans.
Du kannst einfach die Hände auflegen und die Energie fließen lassen.
Es ist hilfreich Schmuck abzulegen, zumindest die Uhr, das dies den Energiefluss verändern kann, genauso wie Arme und Beine nicht überkreuzt werden sollten.

Eine Kleinigkeit, die sehr wertvoll sein kann, möchte ich dir aber doch noch mit auf den Weg geben. Ich habe die Erfahrung gemacht, wenn man Dinge transformieren möchte, ist es praktisch der „Störenergie" auch einen Weg zu zeigen, den sie nehmen kann, um gehen zu können.
Ich halte eine Hand über die betroffene Stelle und leite mit der anderen Hand die Störenergie ab, indem ich mit dem Finger zum Boden zeige und die Mutter Erde / die Engel um Transformation dieser Energie bitte.
Wahlweise kannst du dir auch ein violettes Feuer vorstellen, in das du die Energie hinein leitest. Ich habe damit sehr gute Erfahrungen gemacht.

Ich empfehle immer mit einer Energie 21 Tage zu arbeiten, bevor du eine andere nimmst. Das hat den einfachen Grund, dass unser Energiesystem 21 Tage benötigt, um eine Veränderung oder Entwicklung zu integrieren.
Eine sehr intensive Energieanwendung mit voller Aufmerksamkeit und Hingabe deinerseits, kann auch durchaus bis zu 21 Tage nachwirken.
Vielleicht kennst du die 21 Tage Reinigungszeit nach einer Reikieinweihung, hier ist es ähnlich.
Doch wie immer gilt, du entscheidest, wie du damit umgehen möchtest.

Weitere Möglichkeiten mit den Bildern zu arbeiten

- Energetisierung von Wasser und Gegenständen. Hierzu kannst du z.B. ein Glas Wasser auf das Bild stellen und die Energie bitten, das Wasser aufzuladen. Du wirst wahrscheinlich einen Unterschied spüren, im Geschmack und im Härtegrad und das sind ja nur äußere Dinge. Du kannst auch Steine und anderes damit aufladen.
- Du kannst ein Energieanrufungsbild bei dir tragen, nachts unter das Kopfkissen legen oder auf eine bestimmte Körperstelle auflegen usw.
- Zur Raumenergetisierung kannst du ein Bild im entsprechenden Raum aufhängen, oder du nutzt ein Raumspray mit der entsprechenden Energie.
- Mit einem vergrößertem Bild kannst du auch deinen gesamten Körper aufladen, indem du das Bild auf den Boden legst und dich dort hinein stellst.

Möchtest du die Bilder nicht selbst ausdrucken bzw. vergrößern, kannst du sie auch in verschiedenen Größen von mir als Fotos erhalten, um sie zum Energetisieren, Auflegen und Hineinstellen zu nutzen.
Energiesprays mit den entsprechenden Energiequalitäten sind auch bei mir erhältlich.

Anrufung der Christusenergie

Themen

- Mitgefühl
- Christusbewusstsein
- Herzöffnung
- Barmherzigkeit
- Bedingungslose / allumfassende Liebe
- JETZT / bewusstes Leben
- Urteilslosigkeit / Wertfreiheit
- energetische Aufrichtung
- Transformation von Egoismus in Selbstliebe
- Meisterschaft / Aufstieg in die 5. Dimension
- Beenden des Reinkarnationszyklus
- Erleuchtung
- Dankbarkeit
- Geborgenheit
- Einheit / Verbundenheit mit Allem-was-ist
- Schöpferkraft
- Ich Bin-Bewusstsein / höheres Selbst
- Herstellung der göttlichen Ordnung

Beschreibung

Christusenergie ist die Energie der 5. Dimension, die Energie des goldenen Zeitalters, denn sie ist die Energie der allumfassenden Liebe, die frei von Bedingungen ist. Oft wird sie in der Farbe Magenta wahrgenommen, in der Farbe des göttlichen Strahls vom aufgestiegenen Meister Jesus (Sananda, Jeshua ben Joseph),doch sie beinhaltet noch mehr Farben und ist somit mehr, als als „nur" die Energie von Jesus. So wie es auf dem Energieanrufungsbild zu sehen ist, nehme ich die Christusenergie wahr. Magenta – goldgelb – reinweiß – zartrosa und warmrot.

Wie ein Embryo, der geschützt und geborgen von Liebe umhüllt wird. Wie eine Zelle, die göttliche Informationen in sich trägt. Vielleicht ruft es in dir auch ganz andere Assoziationen hervor, dies ist kein Zufall, denn auf jeden Menschen wirkt die Energie und somit auch das Bild unterschiedlich. Was nimmst du wahr?

Die Christusenergie ist ein Bewusstseinszustand und ist nicht die Eigenenergie von Jesus. Bekomme ich Botschaften von Jesus fühlt sich seine Energie vollkommen anders an, als die Christusenergie. Das Christusbewusstsein ist ein höherer Entwicklungszustand, den wir alle bewusst oder unbewusst anstreben. Indem wir die Energie ganz bewusst rufen, können wir Einblicke in diesen Zustand erhalten und uns Stück für Stück auf die Energie der 5. Dimension einschwingen. Das reine weiße Christuslicht, das auf dem Bild zu sehen ist, ist Licht aus dem Quellbewusstsein (Schöpfung) und bringt uns das Christusbewusstsein auf die Erde.

Im Christusbewusstsein zu sein bedeutet, das Gefühl der Einheit mit Allem-was-ist zu spüren, es ist das höchste Bewusstsein, das auf Erden möglich ist. Es verhilft uns, in der Gegenwart zu verweilen und die Illusion der Zeit zu überwinden, darin liegt die Erkenntnis, das JETZT als einzig existierende Wirklichkeit. Mit der Christusenergie können wir also immer mehr im Moment leben, was uns dazu verhilft, Sorgen und Ängste loszulassen. Sind wir im bewussten Sein, erkennen wir, dass all unsere Sorgen und Ängste Produkte unserer Gedanken und Erinnerungen sind und wir identifizieren uns nicht länger mit ihnen. Wir gelangen in einen Zustand frei von Bewertung und Verurteilung, sowohl von uns selbst, als auch von anderen.

Indem wir uns immer wieder auf dieses Bewusstsein ausrichten, kommen wir unserer Ich-Bin-Gegenwart, unserem höheren Selbst näher und können die göttliche Ordnung auf allen Ebenen unseres Sein wieder herstellen.

Die Christusenergie kann uns unterstützen Meister unseres Lebens zu werden, um letztlich den Reinkarnationszyklus zu beenden und zur „Erleuchtung“ zu gelangen. Hierzu dürfen wir die göttlichen Attribute Mitgefühl, Barmherzigkeit und Dankbarkeit integrieren. Es geht immer zunächst darum, dieses für uns selbst zu empfinden, denn Jesus sagte, liebe deinen Nächsten wie dich selbst – was bedeutet, dass die Selbstliebe an erster Stelle steht.

Können wir uns selbst wahrhaft lieben, so können wir unseren Nächsten erst wirklich annehmen, schätzen und lieben. Und so bewirkt die Christusenerige auch eine Herzöffnung, die uns hilft uns selbst zu lieben, um so unser Ego in Liebe zu transformieren. Selbstliebe ist transformierter Egoismus, Egoismus nimmt sich von Allem-was-ist getrennt wahr, die Herzöffnung hebt diese Trennung auf und schwingt uns auf Liebe ein. Die Christusenergie lädt uns ein in das Schöpferbewusstsein einzutreten und unsere Schöpferkraft anzunehmen.

Meine Wahrnehmung der Energie

Für mich ist die Christusenergie inzwischen zu einer Art Seinszustand geworden, je öfter ich mich damit bewusst verbinde, desto mehr fühle ich mich verbunden.
Angebunden an das Bewusstsein der 5. Dimension.
Noch bin ich auf dem Weg diesen Zustand dauerhaft zu halten, es gelingt mir von Tag zu Tag immer mehr.

Sehr vertieft hat sich diese Verbindung zur Christusenergie und vor allem zu Jesus, nach meinem Griechenlandaufenthalt im September 2012, doch dazu werde ich bei der „Erlöserenergie" mehr erzählen, denn diese Erlebnisse haben maßgeblich damit zu tun, dass ich die Erlöserenergie für mich entdeckt habe.

Rufe ich gezielt die Christusenergie und visualisiere dabei das Bild, dann wird es sehr schnell sehr warm in meinem Herzen, nach kurzer Zeit fängt es richtig an zu brennen. Es ist aber kein unangenehmes brennen, sondern ein sehr lebendiges Gefühl, was ich oft auch im hinteren Herzchakra auf dem Rücken spüre.

Je mehr ich dann die Energie in mein Herz einatme, desto mehr breitet sie sich aus, mein Herz wird immer weiter und ich spüre, wie ich die Begrenzungen meines physischen Körper überwinde und mich mit Allem-was-ist verbinde.

Energien sind nicht so leicht zu beschreiben, weil sie sehr subjektiv wahrgenommen werden, es kann also sein, das du etwas ganz anderes fühlst.
Ich habe festgestellt, dass ich oft in der Christusenergie bin, wenn ich Kontakt mit der geistigen Welt aufnehme, dies geschieht ganz automatisch. So bin ich in einem höheren Bewusstseinszustand und kann viel leichter und klarer Botschaften von Engeln und Meistern empfangen.

Die Christusenergie, wie alle anderen Energien in diesem Buch, heben die Schwingungen an und somit deine Eigenfrequenz, bei mir fühlt es sich an, als ob ich im wahrsten Sinne des Wortes emporgehoben werde in eine höhere Ebene. Es fühlt sich auch körperlich so an, wie ein Engel, der mich mit seinen Flügeln umarmt und mit mir in eine höhere Dimension schwebt.
Ich fühle mich in der Christusenergie sehr geborgen und getragen – zu Hause.
Es ist lohnenswert, sich intensiv damit zu beschäftigen, denn so kommen wir dem Gefühl und der Wahrnehmung der 5. Dimension sehr, sehr nah.

Was hierbei nicht zu unterschätzen ist, ist das Erkennen, der weniger lichtvollen Anteile in uns selbst, denn je höher unsere Schwingungen mit Hilfe der Energien werden, desto mehr Licht dringt in uns ein.
Ich vergleiche das gern mit einer Badewanne, wenn zum alten abgestandene Wasser frisches, klares, reines Wasser hinzu fließt, dann muss etwas vom alten abfließen, ähnlich erklärte dies die geistige Welt in dem Channeling „die Welt der Energie" weiter oben.
Und das Alte ist leider oft erst bereit zu gehen, wenn wir uns bewusst geworden sind, was es ist.
Meist verläuft dieser Prozess mit mehr oder weniger intensiven Emotionen, die durchlebt werden wollen, damit sie gehen können.
Hierzu ist dann besonders gut die Transformationsenergie geeignet. Dies ist eine sehr intensive reinigende Energie, die uns helfen kann Glaubenssätze, Emotionen usw. zu transformieren – umzuwandeln in Licht.

Die folgende Botschaft, die Ausdruck der allumfassenden Liebe ist, kommt vom rosafarbenen Strahl der Liebe und wurde übermittelt von Lady Rowena, sie passt insofern sehr gut zur Christusenergie, als das sie uns hilft in den Kontakt mit unserem Herzen zu kommen, uns selbst zu fühlen, denn nur so können wir die Christusenergie wahrnehmen.

Botschaft der geistigen Welt

Selbsteinweihung in den Tempel deines Herzens
Lady Rowena

„Ich grüße dich von Herz zu Herz, mein Name ist Lady Rowena, ich bin Lenkerin des 3. göttlichen Strahls in der Farbe rosa. Gemeinsam mit den anderen Strahlen, bilden wir die 12 göttlichen Strahlen, die das Licht Gottes repräsentieren.

Spanne die Regenbogenbrücke deines Herzens aus und verbinde dich mit den Herzen der Menschen, bei denen du an deine Grenzen stößt, die der Macht des Geldes und dem Materialismus verfallen sind.
Dankbarkeit sei dein Schwert und Vertrauen dein Schild, damit möge deine Liebe hell erstrahlen in den Herzen der anderen.

Mache dich bereit zum Mitgefühl für alle Wesen, gerade für die, deren Wege du nicht verstehst, die noch nicht voller Licht ihren Weg gehen, die, die noch in gesellschaftlichen Strukturen feststecken und keine Auswege sehen und Gefangene des Geldes sind, denn gerade sie brauchen dein Mitgefühl.

Auch ihre Zeit wird kommen, kein Mensch ist besser oder schlechter als der andere, das Maß an spiritueller Entwicklung stellt keine Wertung dar, denn alles hat seine Zeit.
Und berührst du stets diesen Menschen mit dem Mitgefühl tief aus deinem Herzen kommend, so wirst du viel mehr damit bewirken, als es zunächst den Anschein hat.
Das tiefe Wissen, dass auch dieser Mensch eines Tages erkennen wird, ist dank deines multidimensionalen Bewusstseins

schon manifestiert.
Nur dränge ihn nicht, akzeptiere in Liebe, versuche ihn nicht zu ändern – er ist jetzt der beste Mensch, der er in diesem Moment sein kann, mache dir dies immer wieder bewusst (dies gilt auch für dich!).

Ja dieser Mensch ist jetzt genauso, wie seine Seele es vor seiner Inkarnation auswählte, denn auch dieser Mensch hat seine Aufgaben und die Zeit wird kommen, in der auch er bereit ist hinzusehen zu erkennen, alten Ballast abzuwerfen, um mit diesen freigesetzten Energien zur passenden Zeit das Bewusstsein des Kollektivs weiter zu erhöhen.

Setzt euch nicht unter Druck, seid nur bereit, beständig euren Seelenweg zu gehen, euer Herzenslicht strahlen zu lassen, und alles wird so geschehen, wie es gut für euch ist.
Bleibt nur nicht stehen, sondern geht immer einen Schritt über eure Grenzen, über eure Angst hinaus.

Bevor du das Mitgefühl für deine Mitmenschen entwickelst, darfst du das Mitgefühl für dich selbst entdecken.
Hast du Mitgefühl mit dir selbst?
Bist du bereit dich selbst in den Arm zu nehmen und dir das zu geben, was du dir von anderen wünschst?
Lerne dich selbst mit Liebe, Dankbarkeit, Vertrauen und Mitgefühl zu betrachten.
Kannst du es im Tempel deines Herzens für dich selbst empfinden, so bist du im Einklang mit dir Selbst, so bist du dir selbst treu und Selbsttreue bedeutet dem Weg deiner Seele, deines Herzens und deiner Wahrheit zu folgen – dies ist der Schlüssel zu deinem erfüllten Leben.

Und so gebe ich, Lady Rowena, hier und heute eine Selbsteinweihung in den Tempel deines Herzens.
Diese erfolgt nur, wenn für dich der passende Zeitpunkt ist und du aus ganzem Herzen JA dazu sagst. Ein bewusstes Nein ist auch vollkommen in Ordnung, wenn du noch nicht so weit bist, denn du kannst die Einweihung jederzeit abrufen.
Aktiviere selbst die Selbsteinweihungsenergien, indem du die

eine Handfläche gen Himmel streckst und die andere zur Erde. Dazu sprich bitte folgende Worte:
„Ich …(dein Name) rufe nun Lady Rowena.
Ich bitte dich Lady Rowena nun die Einweihung in den Tempel meines Herzens zu vollziehen, so dass ich von Tag zu Tag mehr Zugang erhalte und im Licht meines Herzens in Liebe, Mitgefühl, Dankbarkeit und Vertrauen baden kann.
Möge ich von nun an stets meinem Herzen folgen in meiner Wahrheit sein und mir selbst treu bleiben.“

Spüre nun in dein Herz, vielleicht empfängst du auch ein Bild, du nimmst Wärme wahr, alles was jetzt ist, darf sein, auch wenn jetzt deine Emotionen sich entladen in Tränen, so lasse dich reinigen von ihnen. Auch wenn du nichts spürst, ist das in Ordnung.
Wenn du bereit bist, sprich weiter:
„Im Tempel meines Herzens bin ich geborgen und geliebt, ich bin in mir zu Hause. Ich nehme die Einweihung, die mir den Zugang zu meinem inneren Tempel gewährt, jetzt an.“
Lasse die Energie durch dich fließen und deinen Tempel für dich und deine Mitmenschen öffnen.

In viele Dinge könnt ihr euch in diesen Zeiten selbst ermächtigen.
Gern kannst du hier auch eigene Worte finden, es geht letztlich um die Absicht den Tempel deines Herzens zu öffnen und all das, was du in dir für dich fühlst, auch nach außen tragen zu können.
So entzündest du Stück für Stück immer mehr Lichter in deinem Umfeld.
Und nun als Symbol meiner Verbundenheit, nimm diese weiße Taube an, die nun in den Tempel deines Herzens fliegt, sie gibt dir den Frieden in deinem Innern, wenn um dich herum ein Sturm tobt.
In Liebe und Wahrheit mit dem Tempel deines Herzens verbunden.

Lady Rowena.“

Anrufung der Transformationsenergie

Themen

- Lösen alter Muster und Strukturen
- Emotionen / Schuldgefühle / Ängste / Wut
- Glaubenssätze
- Aufräumen
- Blockaden
- Schwingungserhöhung
- Vergebung
- Karma
- Seelenerinnerungen
- Selbsterkenntnis
- Bewusstwerdung
- Läuterung/Besinnung
- innere und äußere Konflikte lösen
- reinkarnationsübergreifende Transformation

Beschreibung

Zunächst möchte ich den Begriff der Transformation etwas genauer erläutern.
Transformation bedeutet Umwandlung, etwas wird in etwas anderes verwandelt, hierbei geht nichts verloren, es wandelt nur seine Form.
Transformation ist nichts anderes als das Umwandeln von Muster und Emotionen, von gebundener, gestauter Energie, in frei fließende Lichtenergie.

Die Raupe wird zum Schmetterling, sie ändert nur ihre Form.
Wenn ein Mensch von uns geht, so wandelt auch dieser nur seine Form. Der physische Körper verbindet sich wieder mit Mutter Erde und der feinstoffliche Körper geht wieder nach Hause.

Die Zeiten, in denen wir für unsere Taten aus früheren Leben büßen müssen sind vorbei. In der neuen Zeit geht es vielmehr darum die Reste (Seelenerinnerungen, Emotionen) alter Muster, Strukturen, Blockaden, Glaubenssätze usw. aus der Vergangenheit umzuwandeln – also zu transformieren. Diese sind als Kristalle in unseren Energiekörpern gespeichert (so hat es mir die geistige Welt gesagt) und wir nehmen sie von Leben zu Leben mit, bis wir uns ihrer annehmen und sie herauslösen. Die große karmische Last, bei manchen auch Schuld genannt, ist uns genommen worden, wir dürfen frei sein. Freiheit bedeutet diesbezüglich vor allem, sein Leben als Schöpfergott /-göttin selbst zu meistern, ohne an die alten Muster gekettet zu sein.

In der neuen Zeit dürfen wir frei entscheiden, welchen Weg wir einschlagen wollen.
Es geht also bei dieser Energieanrufung ums innere Aufräumen mit allem, was wir nicht mehr benötigen, seien es Muster, Blockaden, Strukturen, Glaubenssätzen, Emotionen, Abhängigkeiten oder Illusionen.
Wie kann nun diese Transformation funktionieren?
Es gibt immer mehrere Wege, wichtig ist, das jeder, dass für ihn/sie Passende findet, vieles ist durch Beobachtung, Selbsterkenntnis und Meditation zu lösen.

Ein wunderbares, sehr effektives Mittel ist die Transformationsenergie.
Du kannst sie rufen und sie bitten, die Seelenerinnerungen zu einem bestimmten Thema zu transformieren.
Hier gibt es eine Ausnahme:
Zu Beginn erwähnte ich, dass man möglichst nur mit einer Energie arbeiten sollte, bei der Transformationsenergie empfiehlt es sich, nachdem man ein paar Tage damit gearbeitet hat, die Erlöserenergie zu rufen, denn diese kann uns dann helfen, die Reste aus uns herauszulösen.
Bevor du beginnst mit der Transformationsenergie zu arbeiten, werde dir bitte genau darüber klar, was du lösen möchtest. Es reicht nicht aus, nur das oberflächliche Muster anzusehen, sondern es ist wichtig das Thema in seiner ganzen Komplexität zu erfassen und zwar nicht zwingend mit dem Verstand, sondern mit dem inneren Wissen und dem Herzen. Gegebenenfalls kann es hier helfen in die Vergangenheit zu reisen (Rückführung), um die Ursache zu erkennen.

Die Energie kann nur ihre volle Wirkung entfalten, wenn wir auch unseren Teil dazu beitragen und bereit sind hinzusehen, umso gezielter kann die Energie wirken.
Aber auch die Transformationsenergie kann uns nicht unsere eigene Erkenntnis abnehmen.
Bei der Arbeit mit der Transformationsenergie erhöhen wir, wie bei den anderen Energieanrufungen, unsere eigene Schwingungsfrequenz und da die Seelenerinnerungen in vielen verschiedenen Schichten zu finden sind, können wir immer nur Schicht für Schicht abtragen. Dies bedeutet, dass die Themen durchaus noch mal anklopfen und wir sie dann auf einer höheren Ebene anschauen dürfen...und irgendwann sind sie dann auch ganz weg.

Um Emotionen zu transformieren, ist es nun Zeit erstmal zu klären was überhaupt der Unterschied zwischen Emotionen und Gefühle ist. Ich habe ziemlich lange gebraucht, das nicht nur mit meinem Kopf zu verstehen, sondern es auch zu einem gefühltem Wissen werden zu lassen. Inzwischen ist es mir sonnenklar und ich möchte dich gern an meiner Interpretation (die nicht deine sein muss) teilhaben lassen:

Emotionen oder Gefühle?

Es gibt negative und positive Gefühle.
Es gibt negative und positive Emotionen.
Negativ und positiv, so lange wir in der Dualität leben, wenn wir aus der Dualität aussteigen, sind es lediglich zwei Seiten einer Medaille und wir nehmen wertfrei wahr.
Je stärker Mensch sich auf die eine Seite schlägt, desto mehr wird er auch die andere Seite stärken, denn das tief Dunkle ist nur so stark wie es das Überhelle ausgleichen muss.
Je mehr Menschen beide Seiten in sich erkennen und in ihre Mitte finden, anstatt sich ausschließlich an Licht und Liebe zu klammern, desto weniger Dunkelheit wird es geben.
Also gilt es, zunächst die Wertung herauszunehmen, denn alles IST.

Gefühle sind dem Herzchakra zugeordnet, welches die anderen Chakren (Chakra = Energiezentrum) miteinander verbindet

(vereintes Chakra) und sorgt für ein harmonisches Miteinander. Emotionen gehören zum Solarplexus, der in Verbindung mit dem Emotionalkörper steht.
Der Weg der neuen Zeit geht über die Transformation der Emotionen, hin zu wahren Herzensgefühlen aus dem Moment heraus.

Emotion

Emotionen sind z.B. Wut, Ärger, Mangel, Empörung, Minderwertigkeit, Angst, Beunruhigung, Trauer, Verlust, Hilflosigkeit, Ohnmacht, Schuld, Scham, Kränkung, Beleidigung, Ekel, Hass, Widerwille uvm.
Eine Emotion ist wie ein Vulkanausbruch, wie ein tosendes Meer, sie kommt tief von unten hoch und lässt sich nicht stoppen, nicht unterdrücken. Emotionen übernehmen dich, Emotionen haben dich in ihrer Gewalt. Die Emotion kommt aus dem Emotionalkörper, in dem alle Emotionen aus allen Leben gespeichert sind, deshalb kommt dies auch so gewaltig und geballt hoch. Sie sind kurz und heftig, wie z.B. ein Wutausbruch, man ist dann vielleicht noch tagelang wütend und die Wut kommt immer geballt wieder hoch, jedoch ist der eigentliche Ausbruch nicht lang andauernd.
Die Stärke der Emotion passt im Normalfall nicht zur eigentlichen Situation, denn die Situation (oder Person, die das gerade abbekommt) sind nur die Auslöser, die diese Emotion wieder angetriggert haben, die Ursache liegt viel weiter zurück. Insofern sind wir hier Gefangene unserer Seelenerinnerungen, wir können gar nicht anders.
Früher war es noch teils möglich, dass man Emotionen im Griff hatte, das wird heute immer schwerer, weil sie nach Heilung schreien. Indem wir unsere Emotionen durchleben, anerkennen, wirklich fühlen, annehmen und unsere Energie daraus wieder zu uns zurücknehmen, können wir die damit zusammenhängenden Seelenerinnerungen heilen.
Haben wir diese Emotion durchlebt, wird sie immer weniger, wir transformieren sie damit und erhalten die gespeicherte Energie für unser heutiges Leben zurück.
In dem Wort Emotion, steckt das englische Wort E-Motion, was nicht anderes heißt, als Energie in Bewegung, eine Bewegung

von Innen nach Außen, eine meist männliche Energie, die durchaus aggressiv daherkommt.
Diese geballte Energie ist in unserem Emotionalkörper gespeichert und verknüpft mit früheren Leben, nun stell dir mal vor, diese Energie wird frei gesetzt, du erlöst die Emotion und du hast nun diese Energie zur freien Verfügung....genial oder?
Es ist gar nicht schwer diese Energien umzuwandeln, allerdings ist es oft schmerzhaft, deshalb scheuen leider viele Menschen diesen Weg.

Gefühl

Ein Gefühl ist sanft und langanhaltend, wie ein stilles Meer.
Es entsteht nicht im Emotionalkörper, sondern ist reine Herzenenergie.
Fühlen ist Erleben im Moment.
Ein Gefühl ist nichts Altes, was über viele Leben gespeichert war, sondern eine Wahrnehmung im Moment, im Jetzt.
Ein Gefühl entsteht über den Energiefluss, den die Aura empfängt, wenn unsere Herzensenergie mit etwas (Mensch / Situation) in Resonanz geht.
Die Aura leitet dies in die Chakren und diese leiten den Energiefluss über die Haut, in die Nervenzellen das Körpers. Die Sinnesorgane, insbesondere das Herz fangen diese Impulse der Zellen auf und bringt diese Empfindungen in unser Bewusstsein.
Beobachte dies ein wenig und du wirst den Unterschied erkennen.
Gefühle kennen keine Wertung, Gefühle SIND, sie sind einfach da, eine Feststellung, von dem was IST.
Beim Fühlen geht es um die weibliche, annehmende Energie, die bereit ist, sich hinzugeben.

Meine Wahrnehmung der Energie

Ich nehme die Transformationsenergie meist gleichzeitig am ganzen Körper wahr. Teilweise fühlt es sich wie Feuer am ganzen Körper an, aber nicht so heiß, eher eine Mischung zwischen Feuer und Strom, falls du dir das vorstellen kannst. Es ist

oft auch ein starkes Prickeln und Brennen zu spüren bei mir. Aber das ist ja auch nur meine Wahrnehmung, ich bin gespannt, wie du die Energie wahrnimmst.
Ich nutze manchmal in Rückführungen die Transformationsenergie und auch die Transformation von Emotionen, ähnlich wie in der Meditation unten beschrieben, um so viel wie möglich mit dem Klienten zusammen zu klären. Dies kann sehr emotional sein, doch danach wird man wirklich belohnt, es fühlt sich wie ein Befreiungsschlag an. Solange noch Energien in der vermeintlichen Vergangenheit (Zeit gibt es ja nicht wirklich) stecken, sind wir nicht in unserer vollen Kraft und wenn wir nicht in unserer Kraft sind, dann können wir nicht Schöpfer unseres Leben sein.
Ich habe vor einiger Zeit mit der Meditation weiter unten meine Ängste angesehen, am Anfang brauchte es viel Überwindung, doch danach funktionierte es fast von allein, eine Angst nach der anderen konnte ich ansehen und auch die Zusammenhänge und die eigentlichen dahinterstehenden Urängste erkennen. Es braucht Mut, doch wer den Mut aufbringt wird wirklich belohnt, dann werden wir nicht mehr von unseren Ängste eingeholt, beherrscht oder überrannt, sondern wir erkennen sie als das, was sie sind – Illusionen, denen wir die Energien entziehen, indem wir sie ganz bewusst durchleben. Dies gilt natürlich nicht für Ängste mit Krankheitswert, hierfür gibt es ausgebildete Therapeuten, dies muss ich in diesem Zusammenhang deutlich machen.
Wenn du magst gebe ich dir noch eine kleine Übung, die dir helfen kann, deine Themen zu erkennen:
Beobachte ohne zu werten einen Tag lang deine Gedanken.
Worum drehen sie sich?
Was für Dinge machst du für andere Menschen, was machst du für dich?
Es geht einfach nur um das Beobachten, mehr nicht.
Hier liegt ein großes Potenzial an Bewusstwerdung, auch wenn diese Übung simpel und unspektakulär klingt.

Meditation

Emotionen transformieren mit Jesus

Werfe den alten Ballast ab, erhöhe deine Schwingungen und komme der Leichtigkeit und Freude des Seins wieder ein Stück näher. Emotionen sind keine Gefühle, denn sind eine geballte Ladung an aufgestauten Energien, die sich über viele Inkarnationen angestaut haben. Der Weg der neuen Zeit ist der Weg der Gefühle.

Emotionen dürfen sein. Jeder Mensch hat sie. Doch wir müssen uns nicht von ihnen beherrschen lassen. Es geht hier also nicht ums Wegmachen, sondern ums annehmen und durchleben. Identifiziere dich nicht mehr mit ihnen, sondern nimm sie als das wahr, was sie wirklich sind – als perfekte Illusion in deinem Menschen-Spiel.

Alles was wir denken, tun und fühlen verbraucht Energie. Wenn wir tief in einer Emotion feststecken, dann saugt sie uns quasi alle Energie ab, die wir für andere Dinge nutzen könnten. Die Meditation ist ein guter Weg, um die Energie wieder zurückzugewinnen.

Mit dieser Meditation kann man auch Glaubenssätze transformieren.

Ablauf:

Suche dir einen ruhigen Platz, komme erst einmal bei dir an.
Nimm deinen Körper wahr, deinen Herzschlag, deinen Atem.
Erde dich gut, damit du eine feste Basis hast.
Rufe Jesus dazu, wenn du magst.
Welche Emotion willst du heute transformieren?
Denke JETZT an die Emotion, stell dir dazu ein Situation vor.
Sei bereit, es mit deinem ganzen Sein zu fühlen.
Geh so tief in die Emotion hinein, wie du nur kannst.
Und nun finde die Emotion in deinem Körper.
Scanne gedanklich deinen Körper ab.
Richte deine gesamte Aufmerksamkeit nun auf die Stelle deines Körper, wo du die Emotion am intensivsten wahrnimmst.
Stell dir vor du könntest deine Emotion sehen.
Welche Farbe hat die Emotion?
Ist sie hell oder dunkel?
Ist sie groß oder klein?

Welche Form hat die Emotion?
Aus welchem Material besteht sie?
Und nun gehe in die Emotion direkt hinein und schau sie dir an, fühle dich hinein.
Vielleicht tauchen dabei auch Bilder oder Erkenntnisse auf.
Vielleicht kommen Seelenerinnerungen aus früheren Leben hoch.
Vielleicht erkennst du alte Glaubenssätze.
Nimm wahr, wie die Emotion, langsam schwächer wird.
Das, was du kennst, hat keine Macht mehr über dich.
Und deine Bewusstheit löst die Emotion immer mehr auf.
Sie fällt einfach von dir ab.
Nun liegen nur noch ein paar Überreste herum.
Entzünde ein Feuer, in das du die Reste hineinwirfst.
Bitte Jesus, nun die Reste dieser Emotion aus deinem gesamten Sein, aus all deinen Zellen, aus allen vergangenen Leben, aus der Ahnenreihe abzulösen und zu transformieren.
Jesus hat ein Geschenk für dich.
Denn keine Energie geht verloren.
Das, was du heute umgewandelt hast, erhältst du als Lebens- und Liebeskraft wieder zurück.
Er nimmt deine Hände in seine Hände und überträgt dir nun die zurückgewonnene Energie.
Jesus verabschiedet sich nun von dir.
Lasse dir nach dieser Meditation ein wenig Zeit, die Energien dürfen sich setzen und auf allen Ebenen deines Seins ankommen.
Spüre in ein paar Tagen nach, ist die Emotion vollständig transformiert oder ist sie noch spürbar?
Nimmst du sie noch wahr, kannst du die Meditation wiederholen.
Kehre zurück in dein Tagesbewusstsein.

Herzlichen Glückwunsch, du hast heute einen großen Teil deiner Energie zurückgewonnen.

Die vollständige Meditation kannst du von mir gesprochen auf CD erhalten.

Anrufung der Erlöserenergie

Themen

- Erlösung / Loslösung
- Loslassen / Zulassen
- Leichtigkeit
- Befreiung / Freiheit
- Abschied / Übergang / Tod / Trennung
- Vergebung / Gnade
- Reinigung
- Reparatur / Korrektur
- Schuld / Leere, Schwere
- Hingabe
- Demut
- Niederlage / ausweglose Situation
- Blockaden lösen
- Neuanfang
- Dankbarkeit
- Abschließen mit Altem
- Karma-Reste lösen

Beschreibung

Die Erlöserenergie ist die Energie der Gnade.
Die Energie des Abschieds, des Neuanfangs, der Wiederauferstehung.
Wenn wir diese Energie rufen, dann rufen wir gleichzeitig Jesus und die Engel der Gnade.
Jesus – der Erlöser, der uns rettet und befreit, doch Jesus wird nicht im Außen erscheinen, er wird IN und wiedergeboren.
Er erleichtert uns den Übergang. Dies hat nichts mit dem physischen Tod zu tun, in Wirklichkeit sterben wir im Laufe unsere Lebens viele Tode und werden immer wieder neu.
Das Leben ist Veränderung und mit jeder Veränderung geht etwas Altes zu Ende und etwas Neues entsteht.
Gerade auch in diesem Zwischenzustand ist diese Energie sehr hilfreich. Die Erlöserenergie kann uns zur Seite stehen im Schwebezustand, in der Leere, die entsteht, wenn etwas Neues kommen möchte. Für viele Menschen ist diese Leere schwer zu

ertragen, weil man nichts mehr fühlen kann, völlig abgeschnitten von seinen Wahrnehmungen und Empfindungen ist, weder Freud noch Leid verspürt oder sich alles nur neutral anfühlt.
Doch es lohnt sich hier genauer hinzusehen.

Mit der Meditation aus der Transformationsenergie kann man sehr gut in die Leere gehen, denn das ist nicht Nichts, Leere ist auch eine Empfindung.
Geben wir dann hier die Erlöserenergie hinein, können wir langsam aus dem Zustand der Leere aussteigen, weil wir sie als das erkannt haben, was sie ist.
Gehen wir durch die Leere hindurch, wird sich dieser Zustand schnell wieder verändern und wir kommen der darunterliegen Empfindung schneller und vor allem mit Leichtigkeit näher. Ich habe schon sehr viele solche Momente erlebt, früher war dies für mich schwer auszuhalten, weil ich es nicht verstanden hatte. Durch das bewusste Wahrnehmen habe ich diese Momente auf ein Minimum begrenzen können, denn die Leere braucht nun nicht mehr lange um Aufmerksamkeit zu buhlen, da ich sie ja erkenne und der Weg ist danach frei für Weiterentwicklung.

Weiterhin erwähnte ich gerade die Engel der Gnade, sie kommen mit silberfarbener Energie daher.
Um Gnade empfangen zu können, dürfen wir eine gewisse Demut und Wertschätzung erlangen, wenn uns die Schwere der Situation erlassen wird. Demut ist nicht Unterwürfigkeit, Demut ist eine Form von tiefer Dankbarkeit und der Verbundenheit mit dem hohen Bewusstsein.

Wenn ein dreidimensionaler Mensch, einem anderen Gnade gewährt, ist durchaus in Frage zu stellen, ob dies aus Machtgier oder aus wirklicher Nächstenliebe geschieht. Da darf man schon mal nach dem Motiv fragen. Denn ist der menschliche „Erlöser“ macht- und egoorientiert dann entsteht eine vermeintliche Schuld und der Begnadigte fühlt sich unter Zwang dankbar zu sein und seine Schuld abzugelten. Im anderen Fall ist die Frage, ob der Mensch, dem die Gnade gewährt wird, sie auch wirklich annehmen kann und bereit ist sich erlösen zu lassen, hier kann nämlich auch das Ego sehr im Wege stehen.

Die göttliche Gnade ist reine Liebe und Mensch wird Demut und Dankbarkeit tief im Herzen verspüren, doch niemandem das Gefühl geben eine Schuld abarbeiten zu müssen, etwas wieder gut machen zu müssen.
Ich erzähle das hier, weil es mir in Rückführungen sehr häufig begegnet.
Schuld ist ein Riesenthema wenn es um Seelenerinnerungen geht. Schuld ist nicht wirklich existent, bedenkt man, dass sich alle Seelen miteinander verabreden, kann es auf höherer Seelenebene überhaupt keine Schuld geben. Doch mit der Wiedergeburt sind Schuldgefühle oftmals trotzdem nicht erlöst und warten im Emotionalkörper über viele Leben auf Erlösung.

Warum ist das so?
Weil in vielen Fällen die Erkenntnis über die Zusammenhänge fehlt. Deshalb haben viele Menschen in diesem Leben immense Schuldgefühle, ohne dafür einen richtigen Grund zu haben, und damit haben sie auch die Chance, sie in diesem Leben zu erlösen. Die Ursache ist, dass uns nicht bewusst ist, dass wir göttliche Wesen sind und das göttliche Wesen sich nicht gegenseitig verletzen können, ohne die Zustimmung des anderen.
Die ursprüngliche Ursache von Schuldgefühlen ist das Gefühl der Getrenntheit.

Viele nehme sich getrennt wahr von der Einheit / Quelle / Gott und ein Teil von ihnen fühlt sich verstoßen. Diese ursprünglichen Schuldgefühle sind aus dem tiefen Schmerz der Trennung und dem Verlust der Geborgenheit entstanden. Die Wahl, als einzelne Seele getrennt von der Einheit hinaus auf die Erde zu gehen, wird bereut und somit fühlt Mensch sich schuldig. Wenn Mensch auf der Erde inkarniert, wird dieses Schuldgefühl aktiviert mit dem Gefühl das Paradies nicht zu verdienen. Dies ist die urururspüngliche Ursache.

Mit der Erlöserenergie kann man ganz gezielt die Schuldgefühle transformieren, am Besten, indem man die Meditation nutzt, die bei der Transformationsenergie zu finden ist.
Weiterhin kann das Umwandeln von Schuldgefühlen durch Vergebung erfolgen – es geht darum vor allem sich selbst und

dann den Anderen zu vergeben, um Stück für Stück die Schuldgefühle loslassen zu können. Vergebung ist ein sehr wertvoller Weg um dem goldenen Zeitalter mit großen Schritten näher zu kommen.

Wenn du die Erlöserenergie rufst, kannst du auch zusätzlich um Gnade bitten bzw. auch gezielt um etwas bitten, z.B. um Heilung von Schuldgefühlen, um Sorgen und Nöte abzugeben, um Muster zu reparieren und zu korrigieren. Erlöserenergie kann sehr gut Blockaden freisetzen, die uns auf dem Weg ins Christusbewusstsein begegnen. Insofern unterscheidet sich die Christusenergie von der Erlöserenergie, denn bei der ersten geht es darum bestimmte Eigenschaften zu erlangen, die dem Christusbewusstsein zugehörig sind und bei der Erlöserenergie geht es um Gnade, die wir uns selbst zukommen lassen und darum Blockaden zu lösen, um ins Christusbewusstsein zu gelangen.

Es kann auch vorkommen, dass bei dieser oder anderen Energieanrufungen plötzlich Bilder auftauchen, halte sie nicht fest, nimm sie nur wahr, werte sie nicht und notiere dir später das Gesehene. Oftmals handelt es sich hier um Seelenerinnerungen aus früheren Leben, die dir die Ursachen, deiner Emotionen zeigen. Hier kannst du die Erlöserenergie bitten, da du es jetzt erkannt hast, dies zu er-lösen.

Meine Wahrnehmung der Energie

Für mich fühlt es sich an, als ob sich tatsächlich eine Flüssigkeit, wie es auf dem Energieanrufungsbild zu sehen ist, über mich ergießt und dann vom Kopf über die Schultern über den ganzen Körper läuft und während dessen auch nach innen fließt, es endet bei den Füßen, wo dann die gelösten Energien hinaus fließen. Damit die Energie über die Füße hinaus fließen kann, dürften die Fußchakren geöffnet sein, dies erreichst du, indem du deine Aufmerksamkeit auf deine Fußsohlen lenkst und dort hinein atmest.

Ganz besonders intensiv beschäftige ich mich seit September

2012 mit der Erlöserenergie. Ich hatte schon als Kind eine tiefe Verbindung zu Jesus, doch hatte ich mich nicht sonderlich damit auseinandergesetzt. Als ich dann im Land meiner Ahnen, in Griechenland war, hatte ich das dringende Bedürfnis mir eine Ikone von „Christus Pantokrator“ zu kaufen. Pantokrator ist der Erlöser und so ganz genau wusste ich nicht, warum es genau diese Ikone sein musste.

Noch kurz als Erklärung: Ich bin keine Griechin und ich habe auch keine schriftlichen Beweise dafür, dass es das Land meiner Ahnen ist, doch als ich das letzte Mal dort war, auf der Insel Samos, war es sonnenklar, dass dies „Zuhause“ ist und das es meine Aufgabe ist, den Kreis meiner Ahnen wieder zu schließen und damit die Ahnenreihe zu heilen. Wer weiß vielleicht werde ich dort irgendwann wohnen...

Doch ich schweife gerade ab, zurück zu den Ikonen.
Ich mochte schon immer gern Ikonen und so begab ich mich auf die Suche. Doch auf der ganzen Insel, war nicht „meine“ Ikone zu finden, es gab viele Christus Pantokrator Ikonen, doch ich konnte zu keiner von ihr einen Kontakt spüren.
Dann kam der Tagesausflug auf die heilige Insel Patmos, ja und da war sie, ganz einfach gehalten, auf Treibholz gemalt...oder wahrscheinlich eher geklebt. Ich fühlte sofort, dass dies meine Ikone ist. Optisch nichts besonderes, aber eindeutig die, nach der ich gesucht hatte.

Wochen später, als ich schon lange wieder in Deutschland war, erhielt ich meinen Ursprungsnamen, mit den damit verbundenen Ursprungseltern und dem zugeordneten hohen Selbst. Tja und da liefen mir wirklich Schauer über den Rücken, Jesus ist mein hohes Selbst, d.h. mein höheres Selbst, mein göttlicher Teil ist direkt mit dem hohen Selbst von Jesus verbunden. Und mir wurde auch eröffnet, dass ich die Befähigung habe mit der Erlöserenergie von Jesus arbeiten zu dürfen. Das war eine Überraschung, aber wiederum auch nicht, denn Jesus war für mich immer ein guter Freund, Kumpel und Bruder.

Eine Weile später bekam ich dann die Energieanrufungsbilder

von der geistigen Welt und auch die Erlöserenergie war dabei, dazu wurde mir gesagt, dass ich das Wissen um diese Energie verbreiten solle, damit alle Menschen Zugang dazu haben können. Ja und das mache ich nun, rufe die Erlöserenergie, wenn sie bereit ist mit dir zu arbeiten, wird sie zu dir kommen.

Botschaft aus der geistigen Welt

Channeling: Weg in die Leichtigkeit des Seins - Jesus

„Liebe Freunde des Lichts.
Liebe Lichter, die ihr immer lichter werdet.
Alte Angstmuster brechen auf, kommen mit geballter Kraft hoch, um sich dann endgültig zu verabschieden.
Durch die Angst spricht die Seele mit euch, geht ihr hindurch, führt sie euch zu wahrer Freude und Leichtigkeit.
Gebilde, die aus alter Energie gebaut wurden, werden einstürzen, um mit der neuen Energie im Sinne des Christusbewusstseins wieder neu erschaffen zu werden.

Mein Name ist Jeshua ben Joseph, vielen auch als Sananda oder Jesus der Christus bekannt. Es ist mir gleich wie ihr mich nennt, denn ich bin der ich bin, genauso wie du nun auch dein ICH BIN mehr und mehr entdecken wirst.

In vielen Regionen ist eine spirituelle Schwere vorhanden, es geht nur schleppend voran und augenscheinlich tun sich die Menschen schwer, sich den Lichtwirkenden zu öffnen.
Es gibt viele Gebiete, die energetisch mit Schatten behaftet sind und in die das Christusbewusstsein nur langsam vordringen kann.
In diesen Gegenden wiegt die Angst, die sich als Behäbigkeit und Schwere zeigt, schwerer als die Leichtigkeit und Liebe des Christusbewusstseins.
Doch für euer Gebiet braucht ihr nichts zu tun, denn die Erde heilt sich selbst.
Dein Seelenplan hat dich hier hingeführt und du darfst hinsehen.

Es ist richtig, das du genau jetzt da bist wo du bist, es kann nichts geschehen, was nicht zu dir gehört, mögest du auch nicht immer damit einverstanden sein.
Es geht nicht ums Tun, es geht nur ums Erkennen.
Denn hast du erkannt, kannst du dich neu ausrichten und geschehen lassen im Vertrauen, dass deine Seele dir den Weg zeigt und dieser geht einzig allein über dein Herz.
Dieses Phänomen spiegelt sich in allen Gebieten, wo nur wenige Menschen ihrem Seelenplan folgen.
Es ist nicht die Erde, die der Heilung bedarf, sondern es ist der Mensch.
Und so ist es wichtig positive Aufmerksamkeit auf dich zu ziehen, damit die noch schlafenden Menschen aufwachen und beginnen sich zu interessieren.

Sei präsent, du brauchst niemanden missionieren, sie werden durch dein Licht an ihr eigenes erinnert werden.
Je mehr Menschen ihrem Seelenplan folgen, desto mehr wird sich die Schwere in Leichtigkeit transformieren und dein spirituelles Wirken wird immer mehr zu fließen beginnen.

Vielleicht bist du, liebes Licht, noch in der Minderheit in deinem Gebiet und einige Lichtmenschen leuchten noch nicht so hell, wie sie glauben es zu tun.
Ein spiritueller Lichtbegleiter kann nur andere Menschen anziehen, wenn er vollkommen mit sich im Einklang ist und so liegt es an dir Wegbegleiter/in und spirituell Praktizierende/r deinen Einklang und deinen Seelenweg zu leben um dein Licht in dir zum Strahlen zu bringen.
Du musst nichts tun, außer dich hinzugeben und hinzusehen – geschehen lassen, denn es ist alles geführt.

Energieübertragung / Weg in die Leichtigkeit

Zum Abschluss möchte ich dir eine Übertragung der Erlöserenergie aus dem Christusbewusstsein übergeben.
Eine Übung, die dir bei regelmäßiger Anwendung helfen kann, die Schwere zu erlösen und mit deiner Erlösung kann sich die Erde selbst auch mehr und mehr erlösen, indem du dich mit dem zuständigen Erdkristall verbindest.

Es gibt viele Erdkristalle die allesamt mit dem großen Kumarakristall im Mittelpunkt von Mutter Erde verbunden sind, sie sind Wissens – und Energieträger der Erde, du kannst im Austausch mit ihnen sein, wenn ihr euch verbindet.
Um in die Leichtigkeit zu kommen bedarf es der Bereitschaft sich von allem, nicht mehr dienlichem, zu verabschieden.
Wie weit bist du bereit loszulassen?
So rufe mich, Jeshua, zu dir und ich bin da.
Öffne dich für meine Erlöserenergie und ich erlöse dich von den Dingen, die du bereit bist gehen zu lassen.
Zähle die Dinge auf, von denen du bereit bist dich zu lösen und sei bereit Gnade anzunehmen.
Bitte darum meine Erlöserenergie durch dich hindurch fließen zu lassen und es wird geschehen.
So gib dich hinein in die Schwere, in die Angst in das Dunkel, in alles, was da ist.

Fühle es mit deinem ganzen Sein.
Fühle - fühle - fühle tief in deinem Herzen.
Atme – atme - atme tief in dein Herz.

Dir kann nichts geschehen, denn ich begleite dich mit der Erlöserenergie hindurch.
Du wirst gleich an einen Punkt kommen, an dem es nicht mehr schlimmer wird, das ist der Moment in dem Schwere und Leichtigkeit oder welche Emotionen du auch immer gerade in dir trägst, im Gleichgewicht sind.
Und noch ein paar Atemzüge weiter, gehst du über die Schwelle und du spürst, das die Schwere ganz plötzlich von dir abfällt.
Der Panzer bricht auf und gibt deinem Sein nun Raum sich aufzurichten und die Leichtigkeit einzuladen.
Und nun verbinde dich mit dem Erdkristall, der für dein Gebiet zuständig ist, tue dies über dein Herz.
Du musst dazu nichts tun, deine Absicht reicht vollkommen aus.

Sage „Ich verbinde mich jetzt mit dem Erdkristall meines Ortes.“
… und es geschieht.

Durch diese Verbindung nun kann Informationsaustausch stattfinden.
Du gibst der Erde die Information, dass du dich wieder ein Stück geklärt hast, dass du wieder ein Stück Schwere losgelassen hast und die Erde wird dir als Dank Zugang zum universellen Wissen, welches in diesem Erdkristall gespeichert ist, gewähren.

Dieses Wissen wird als Intuition, im Traum oder als inneres Erkennen kommen und so kannst du es zum Besten Aller anwenden.

So kannst du erfüllt sein mit allumfassender Freude und bist anderen Menschen ein Leuchtturm.

Je heller dein Licht strahlt, desto mehr Menschen werden von deinem Licht angezogen. Das Leuchten aus dem Herzen heraus ist das Geheimnis des entzündeten Christuslichts in dir.

In Liebe und Hochachtung vor deiner Aufgabe, Jeshua ben Joseph.“

Anrufung der Mahatmaenergie

Themen

- Harmonie
- Vervollständigung
- Reines Sein
- Schwingungserhöhung
- Harmonisierung der Energiekörper und Chakren
- Verschmelzung mit dem Göttlichen
- Integration des Schöpferbewusstseins
- Beschleunigung des Aufstiegsprozesses
- Bewusstseinserweiterung
- Ich-Bin-Gegenwart / höhere Selbst
- Schuldgefühle
- Selbstvergebung
- Heilung
- Verjüngung
- Drüsen
- Hormone
- Lösung / Klärung / Reinigung
- Zellaufbau / Zellregeneration

Beschreibung

Die Mahtamaenergie mit Worten zu beschreiben ist nicht ganz leicht, denn sie ist so rein, so erhebend, so erfüllend, dass man es mit offenem Herzen selbst erfahren muss, um zu wissen, was ich meine.

Die Farbe ist weiß-gold und in meiner Wahrnehmung gleicht sie Blütenblättern, die sanft und weich in unsere Aura einrieseln.
Das Wort Mahatma bedeutet große Seele.

Doch Mahatma ist nichts menschliches, zumindest nicht im Sinne der Dreidimensionalität, denn es ist ein Bewusstsein, das aus den zwölf göttlichen Strahlen und anderen hoch schwingenden Wesen besteht. Die zwölf göttlichen Strahlen sind die zwölf Aspekte der Quelle, jeder Strahl wird von einem bestimmten Engel und Meister geleitet und hat eine andere Schwingung und somit auch unterschiedliche Qualitäten/Eigenschaften.

In der extrem hohen Mahatmaschwingung kommen all diese Aspekte zusammen und vereinigen sich mit weiteren Lichtwesen, die uns Unterstützung zukommen lassen wollen. Dementsprechend ist dies eine sehr feine hoch schwingende Energie und zurzeit die Höchste, die wir hier auf Erden empfangen können – zumindest zu diesem Zeitpunkt, an dem ich dies hier schreibe.

Mit der Mahatmaenergie darf man zunächst lernen umzugehen, denn unser Körper ist dies nicht gewohnt. Wer noch nicht mit Energien gearbeitet hat, dem empfehle ich zunächst mit anderen Energien zu üben, denn je hoch schwingender eine Energie ist desto feiner wird sie und dementsprechend schwerer ist sie für uns wahrnehmbar. Wahrnehmung darf gelernt werden, Energien sind meist sehr subtil spürbar und so kommt es vor, dass die Energie fließt, dies aber nicht bemerkt wird.

Am Besten lernt man Dinge wahrzunehmen und zu spüren, indem man z.B. in den Wald geht oder an die Ostsee (oder ein anderes Gewässer) fährt, seinen Kopf leer macht und einfach mal seine Sinne nutzt, um das Rauschen des Wassers und den Duft des Waldes wahrzunehmen. Je mehr wir uns wieder auf die Natur einstimmen und unsere Sinne nutzen, die uns allen angeboren sind, werden wir auch viel mehr wahrnehmen und eines Tages sicher auch die Mahtamaenergie.

Wenn man in der Schwingung der Mahatmaenergie ist, dann erfährt man einen erweiterten Bewusstseinszustand in dem das Kollektivbewusstsein, in das alle Menschen ihre Gedanken und Gefühle einspeisen, keinen Zugriff mehr hat. Sie bringt uns dem bewussten Sein ein großes Stück näher.

Das Mahatma-Bewusstsein verbindet uns mit der Ich-Bin-Gegenwart, unserem höheren Selbst, unserer Essenz, unserem göttlichen Kern – ich bin mal so frei zu sagen, das dies für mich alles Ausdrucksweisen von ein und demselben sind, nämlich unserem schöpferischen göttlichen Bewusstsein, das nicht in-

karniert ist, sondern das Drehbuch für unseren Menschenspielfilm in den Händen hält. Mit der Mahatmaenergie können wir diesen Zugang wieder bewusst erhalten.
Weiterhin ist die Mahatmaenergie für die Drüsen und deren Hormonproduktion zuständig, sie vermag es, die Muster zu löschen, die uns altern lassen und kann unseren Drüsen und Zellen Informationen übermitteln, die auf Verjüngung programmiert sind.
Hierzu brauchen wir sie nur zu bitten.

Die Mahatmaenergie ist eine Art Energiepool, in dem es sich lohnt zu baden, Mahatma ist die Verbindung von Mensch zu Gott, denn sie erhöht stetig unsere Schwingungen, wenn wir sie darum bitten, was eines Tages dann für uns den Aufstieg in die fünfte Dimension bedeuten kann.

Meine Wahrnehmung der Energie

Verbinde ich mich mit der Mahatmaenergie, dann fühlt es sich so an, als ob ich fast platzen würde vor Liebe. Wenn ich Kontakte zu geistigen Welt habe, dann kribbelt immer eine Stelle auf meinem Rücken, je höher die Schwingungen sind, desto stärker ist das Kribbeln und desto mehr verteilt es sich auf dem ganzen Rücken und bei der Mahtamaenergie ist es meist so, dass mein kompletter Rücken kribbelt vor lauter Energie und es wird durchaus recht warm dort.

Das Energieanrufungsbild ist auch gleichzeitig ein großes, intensiv wirkendes Heilsymbol, doch sollte man bedenken, dass hier auf sehr hohen Ebenen gearbeitet wird und dass keine Heilung ohne spirituelles Wachstum geschehen kann, insofern kann sich die Mahtmaenergie wirkungslos anfühlen, wenn Mensch noch nicht bereit ist tiefer zu blicken. Inwiefern die Mahatmaenergie wirken kann ist also – ohne dies in irgendeiner Form wertend zu meinen - auch vom Bewusstseinszustand abhängig. Es macht nicht immer Sinn mit der höchsten Energie zu arbeiten, wenn Mensch dort noch nicht ist, jeder Mensch hat seine Zeit und nichts davon ist besser oder schlechter.

Wie man so schön sagt, man sollte den Menschen dort abholen, wo er steht und gegebenenfalls mit niedrigeren Frequenzen, wie z.B. Reiki, Besprechen usw. beginnen, da man ihn sonst nicht erreichen wird.

Ich frage vor jeder energetischen Sitzung die Engel, welche Energien benötigt werden und werde dann entsprechend damit versorgt. Mit Engeln sprechen zu dürfen ist für mich das wertvollste Geschenk und zugleich Werkzeug, was man auf der Reise ins goldene Zeitalter für sich und andere haben kann. Auch wenn es durchaus längere Zeit dauern kann, bis man konkrete Botschaften empfängt, es lohnt sich. Wenn du möchtest, kannst du es bei mir lernen.

Ich nutze die Mahatmaenergie oft bei Fernübertragungen oder energetischen Sitzungen in meiner Seeleninsel, für mich fühlt sie sich bei Energieübertragungen immer kurz und heftig an, anders, als wenn ich sie für mich selbst rufe.
Da gerade die Mahtamaenegie für die Heilarbeit im spirituellen Sinne, sehr wirksam sein kann, habe ich hier noch ein paar weitere Tipps für dich.

Man kann mit ihr ganz wunderbar Aura und Chakren reinigen und ausgleichen. Hierzu nutzt man den Chakrenausgleich den vielleicht einige vom Reiki kennen oder man lässt sich einfach von seiner Intuition leiten, du kannst nichts falsch machen, solange du deinem Herzen folgst.

Weiterhin kann man Schuldgefühle mit diesem Energieanrufungsbild transformieren, dies braucht viel Zeit, weil es ganz sanft geschieht. Es kommen Themen ins Bewusstsein, die die Zusammenhänge erkennbar machen und dann zu tieferer Erkenntnis führen können. Meist sitzt die Schuld, die es ja nicht wirklich gibt, im Zwerchfell, um genau zu lokalisieren, wo sie ist, nutze bitte die Emotionsmeditation bei der Transformationsenergie. Visualisiere dann an der Stelle das Energieanrufungsbild und stelle dir vor, wie sich das Symbol dort ausbreitet und seine Arbeit macht.

Eben hatte ich die Drüsen angesprochen, hierzu möchte ich dir auch noch eine kleine Übung geben. Visualisiere das Symbol (oder auch nur gold-weiße Energie), wie es in dein Kronenchakra (oben auf dem Kopf) eintritt und jede einzelne Drüse gold-weißes Licht wird. Stelle dir dabei vor, das die Drüsen dieses Licht sind, dass sie aus diesem Licht bestehen.

All diese Übungen sollte man, wenn man wirklich etwas erreichen möchte, immer jeweils mindestens täglich 21 Tage lang machen, nur so können die Energien langfristig und nachhaltig wirken wie ich es bereits zu Beginn erwähnt habe.

Nun folgt die Mahatmameditation, mit der man sehr gut in den Kontakt mit dieser Energie treten kann. Diese Meditation ist in vollständiger Länge auch auf CD erhältlich.

Meditation

Mahatma-Meditation - Im Einklang mit der großen Seele

„Du, Teil der großen Seele - mache dich bereit für deine Reise.
Hierzu komme ganz bei dir an.
Nimm deinen Atem wahr.
Mahatma baut dir eine Lichtbrücke zu deiner Ich-Bin-Gegenwart – deinem reinen Sein.
Betrete die Lichtbrücke aus goldenen und weißen Blütenblättern, die dir den Weg ebnen.
Und am Ende der Brücke ist …
Mahatma, der Energiepool in dem es sich lohnt zu baden. Ein Meer aus goldenen und weißen Blütenblättern, umgibt dich nun.
Bade darin, genieße es, lasse dich erfüllen von Mahatma, der großen Seele.
Tauche unter im weichen Blütenmeer und verschmelze mit dem Mahatmabewusstsein, deinem Schöpferbewusstsein und deiner Ich-Bin-Gegenwart.

Und deine Ich-Bin-Gegenwart zeigt sich dir jetzt in diesem Moment.
Du tauchst gerade wieder auf aus dem wundersamen Blütenzauber und blickst deinem ICH BIN, deinem reinen, wahren Sein ins Antlitz.
Dein göttlicher Teil steht nun vor dir, ganz rein.
Bestimmt hat er eine Botschaft für dich.
Lausche nun der Botschaft deines göttlichen Seins.

Und dann tauche noch einmal ab, in das Blütenmeer der Mahatma-Energie und versorge nun deine Zellen und Drüsen mit ihr.
Verstärke die Energieversorgung deiner Drüsen und Zellen durch deine Atmung.
Atme die Mahatma-Energie dort ein, wo du sie benötigst. Lasse alles von der gold-weißen Mahatma-Energie in Einklang bringen.
Lausche mal, wie rein und klar deine Gedanken sind, ganz unbeeinflusst von Massenbewusstsein der Erde.
Lausche...

Du kannst so oft du willst, ein Bad im gold-weißen Blütenmeer der Mahatma-Energie nehmen.
Du kannst so viel mitnehmen, wie du in dir aufnehmen kannst.
Nun steige langsam aus, aus dem Blütenzauberpool der Mahatma-Energie.
Und nimm so viel mit, wie du in dir aufnehmen kannst. Schau, dort ist die Lichtbrücke, auf der du hergekommen bist.
Sie führt direkt in dein Herz.
Gehe nun die Lichtbrücke entlang, direkt in dein Herz.
Nun bist du erfüllt mit der Mahatma-Energie in deinem Herz angekommen.
Schau dort steht dein Thron bereit, dein Platz in deinem Herzen.
Setze dich und atme nun alles aus, was du in dir aufgenommen hast.

Atme es in dein Herz aus.
Dein Herz dehnt sich immer weiter aus.

Es dehnt sich aus ...aus ... aus ... aus ...
Erkenne und fühle deine wahre Größe.
Dies bist DU, deine wahre Identität, ein Teil der großen Seele, die auf Erden in einen Körper gestiegen ist.
Sprich in Gedanken:
Ich bin Liebe.
Ich bin Frieden.
Ich bin Mahatma.
Ich BIN.
So ist es.
Bleib dann noch ein paar Minuten in dieser Energie und genieße.

Komme nun in diesem Mahatma-Bewusstsein wieder zurück in dein Herz.
...und öffne deine Augen.

Anrufung der Magentaenergie

Themen

- Muster erkennen & bearbeiten
- Reinkarnationsübergreifende Reinigung und Heilung
- Selbsterkenntnis
- Medialität / Wahrnehmungsverstärkung
- Intuition / Träume
- Seele / Innere Stimme / Höheres Selbst / Schutzengel
- Ängste / Zweifel / Schuldgefühle
- Harmonie
- Bedingungslose Liebe / Selbstliebe
- Vorurteile / Wertung
- Verantwortung übernehmen
- Aufwachen und losgehen
- Vertrauen
- Lebensfreude
- Frieden / Zuversicht / Zufriedenheit
- Innere Klarheit

Beschreibung

Das vorherrschende Thema bei der Magentaenergie ist die Erweckung und Förderung der medialen Fähigkeiten in Form von Intuition, Channeling und Wahrnehmungsverstärkung. Medialität ist ein immer wichtiger werdendes Thema, denn es geht hier nicht nur darum für andere Menschen Botschaften zu empfangen sondern vielmehr fängt Medialität bei der Wahrnehmung unserer inneren Stimme an.

Die Magentaenergie kann unterstützend wirken, wenn es um das Erfahren der eigenen medialen Gaben geht, die jeder Mensch in jeder Inkarnation in sich trägt. Bei den meisten Menschen sind diese Gaben verborgen, jedoch kann sie jeder wieder für sich erwecken. Du kannst die Magentaenergie darum bitten, eine leichteren Zugang zu deiner inneren Stimme, zu deiner Intuition, zu deinem Schutzengel, zu deinem höheren Selbst oder deiner Seele zu bekommen.

Die Magentaenergie hilft dir, die feinen Impulse immer besser wahrzunehmen, sensibler zu werden für die subtilen Zeichen und den eigenen Wahrnehmungen immer mehr zu vertrauen. Vertrauen ist sehr wichtig, denn mediale Fähigkeiten lassen sich selten beweisen und wenn wir Beweise wollen, werden kaum Botschaften kommen, weil sich die geistige Welt nicht testen lässt.

Vor allem zu Beginn geht es darum alles zuzulassen und wahrzunehmen was ist, ohne darüber zu urteilen. Die Wertung „zerstört“ deine Wahrnehmung, denn wenn Zweifel aufkommen, ob du das gerade richtig gefühlt hast, verfliegt der „Zauber“ recht schnell und du blockierst damit deine Sinne. Manchmal kommen dann auch alte Ängste hoch, gepaart mit Schuldgefühlen, aus Furcht etwas falsches weiterzugeben. Doch solange du in deinem Herzen bist, kannst du nichts falsches wahrnehmen, zumal es diese Wertung zwischen falsch und richtig nur in der dreidimensionalen Welt gibt. Und denke daran Wahrnehmung ist immer subjektiv.

Um ein wenig Festigung zu erlangen, nimmst du am Besten zunächst nur für dich selbst wahr, schreibt vielleicht deine Erlebnisse in ein kleines Büchlein und beobachtest einfach nur. Eines Tages werden vielleicht auch Impulse für andere Menschen kommen, wenn du dafür bereit bist. Bedenke auch das Impulse der geistigen Welt nicht immer Worte oder Bilder sein müssen, sie führen dich auch zu Büchern, die dich weiterbringen, zu Seminaren und Ausbildungen, oder zu Menschen, die dich hier unterstützen können.

Weiterhin kann dir die Magentaenergie helfen, dich an deine Träume zu erinnern und im Traum Antworten auf bestimme Fragen zu erhalten. Hierzu kannst du kurz vor dem Schlafengehen die Magentaenergie rufen und sie bitten, dir Klarheit im Traum zu dieser Frage zu verschaffen, so dass du kurz nach dem Aufstehen alles ganz genau weißt. Auch hier ist es, wie bei vielen anderen Dingen, eine Übungssache und wenn du dies ein paar Wochen oder Monate übst, wird es sicher auch funktionieren.

Jeder Mensch ist anders und dementsprechend kann man nicht voraussagen, wie lange es dauert, bis die medialen Gaben freigelegt sind. Es Bedarf sehr viel Übung und Geduld, doch ich kann aus eigener Erfahrung sagen, dass dieser Weg sich wirklich lohnt. Medialität ist in der 5. Dimension etwas völlig normales und liegt somit auch auf DEINEM Weg ins goldenes Zeitalter.

Das Thema Wertung bezieht sich auch genauso auf andere Menschen und Situationen, wie auf dich selbst und deine Wahrnehmungen. Es gibt weder gut noch schlecht, es IST einfach. Es ist nicht mehr notwendig zu kategorisieren, dass war es nie, doch ist es eine menschliche Neigung. Es geht nur um das bewusste Wahrnehmen des IST-Zustandes, egal was dir begegnet. Gehst du mit etwas in Resonanz, indem du dich z.B. stark über das Verhalten eines anderen Menschen aufregst und sein Verhalten als „falsch" bewertest, ist es in Wahrheit ein Segen, das dieser dir begegnet, kannst du doch deine eigenen Themen dadurch erkennen.

Du hast sicher schon oft gehört, das Menschen uns spiegeln und doch dürfen wir uns immer wieder daran erinnern und demjenigen, der uns angepiekst hat dafür danken, dass wir uns diesen Aspekt unseres Seins nun ansehen können. Wie es im Channeling weiter unten zu lesen ist: WIllst du Frieden im Au ßen, dann sorge für Frieden in dir. Du wirst nicht mehr mit Krieg und Streit in Resonanz gehen und es nur noch als Beobachter wahrnehmen, wenn du den Frieden IN dir geschaffen hast.

Äußerst interessant ist auch die spirituelle Heilwirkung, die es möglich macht den Menschen auf seinem Weg ein wenig anzuschubsen, damit er sich dann aus vollem Herzen der allumfassenden Liebe öffnen kann und die Verantwortung für alle seine Handlungen, Gedanken und Themen übernimmt.

Magentafarbenes Licht besteht aus rot und violett, was sich in der starken Liebesenergie und in der universellen Heilkraft widerspiegelt. Heilung funktioniert auf dem Weg ins goldene Zeitalter nur mit tiefer Liebe und zwar Selbstliebe, denn nur sie vermag es, die Ursachen zu erlösen. Mit der Magentaenergie ist eine reinkarnationsübergreifende Reinigung und Heilung möglich, da sie eine starke Tiefenwirkung hat und sich auf den Erkenntnisprozess auswirkt.

Meine Wahrnehmung der Energie

Als ich das erste Mal mit dieser Energie Kontakt aufgenommen habe, war es schon etwas verwunderlich, denn diese Strahlen, die auf dem Bild zu sehen sind, kamen über mich wie Krakenarme, sie umschlossen und durchdrangen mich. Weiterhin fließt die Energie immer durch mein drittes Auge, das dabei intensiv beginnt zu pochen und verteilt sich dann in meinen physischen Körper und in meinen Energiekörpern.

Auf dem Weg ins goldene Zeitalter liegt das Erkennen und Leben der eigenen Fähigkeiten. Hier gibt es oft ein paar Widerstände, die uns daran hindern wollen, unsere Medialität weiter zu entfalten. Das ist vollkommen normal, das man immer wieder mal auf so etwas stößt. Wir dürfen diese Widerstände dankbar annehmen, denn dahinter liegt meist ein großes Geschenk. Es kann helfen hier einfach mal die Perspektive zu wechseln und den Widerstand als Sprungbrett zu nutzen. Ich selbst habe gute Erfahrungen damit gemacht, direkt in diesen Widerstand hineinzugehen, dies kann man anhand der Anleitung „Emotionen transformieren“ sehr gut machen.

Hinter Widerständen stehen meist auch Emotionen, auch wenn dies zunächst nicht danach aussieht. So steckt hinter Zweifeln oft das mangelnde Vertrauen in sich selbst, was wiederum meist mit vielen alten Glaubenssätzen verknüpft ist und schaut man wirklich in die Tiefe findet man meist eine Ur-Angst, die es zu transformieren gilt.
Das heißt aus einer anderen Perspektive gesehen, ist dieser Widerstand ein Geschenk an dich, um immer leichter und lichter zu werden.

Und das Universum ist voll mit Geschenken.

Bist du bereit sie zu empfangen?
Es folgt nun eine Botschaft von Meister St. Germain, auch wenn er nicht der Magentaenergie entspricht, sondern vom violetten Strahl der Transformation kommt, ist sie sehr passend zu den Themen der Magentaenergie.

Botschaft aus der geistigen Welt

St. Germain - Die Zeit der Ausreden ist vorbei

„Liebes Menschenkind findest du nicht auch, dass es Zeit wird? Zeit aufzuräumen mit all den Vorurteilen, Ängsten, Zweifeln, Schuldgefühlen und was sonst noch in dir gärt?
So bitte ich dich, ja genau DICH:
Schau nicht auf die anderen Menschen, sondern beginne bei Dir!
Sei Vorreiter, sei Wegweiser und tue den ersten Schritt!
Worauf wartest du noch?
Lebe das, was du dir wünschst, anstatt es nur zu träumen.
Nun denkst du:
Das geht nicht…oder das geht erst, wenn der und der, das und das macht….
Doch ich sage dir, dass die Zeit der Ausreden vorbei ist.
Es gibt kein „ja aber“ mehr.
Wenn du etwas ändern willst, dann tue es jetzt, was glaubst du, wie viele Menschen genauso denken, sich zurücklehnen und abwarten?
Gehe den ersten Schritt und sei dir gewiss, dass du Führung erhältst.

Der Wandel beginnt in dir, baue dir in deiner Innenwelt dein Paradies, so wird es auch im Außen sichtbar werden.
Du möchtest Weltfrieden?
So beginne bei dir selbst und frage dich:
Wo bin ich mit mir selbst nicht in Frieden?
Erkenne dies und heile es, indem du dich auf inneren Frieden ausrichtest und du wirst auch ein Stück des Kollektivs, in dem alle Lebewesen eine Einheit sind, heilen.

Und so erkenne, dass es als erstes an dir liegt zu handeln, bevor du auf andere weist.
Dies ist nicht neu und doch darfst du Menschenkind immer wieder daran erinnert werden, dass du Schöpfer deiner Welt bist.

Du lebst in einer Zeit der starken Transformation und diese wird leichter und sanfter vonstatten gehen, wenn du dich ihr hingibst und bewusst er-lebst und zu-lässt, dich ein-lässt.
Transformation beinhaltet Reinigung aller Ebenen und eine Umwandlung in LIEBE.
So beginne jetzt, sieh dir deine alten Muster, Ängste, Zweifel, Schuldgefühle oder was auch immer es ist, an.
Verschiebe es nicht auf morgen.

Alle Menschen werden irgendwann aufwachen oder gehen, denn in der neuen Schwingung der Erde, wird es einen automatischen Bewusstseinserhöhungsprozess geben – er ist ja schon voll in Gang …und deshalb wünsche ich mir für dich, dass du den Aufstieg bewusst erlebst, um anderen ein Licht zu sein.
Jeder Mensch hat seine Zeit – auch du – und deine Zeit ist JETZT.

Es war nie leichter als jetzt in diesem, deinem Leben den alten Ballast abzuwerfen und doch ist es für die einzelne Menschenseele manchmal sehr viel, denn du hast die Chance deine gesamten irdischen Erfahrungen aller Leben zu heilen und zu transformieren.
Jetzt ist die Zeit.

Geliebte/r, ich hoffe nun ich habe dir keine Angst gemacht, doch war es und ist es notwendig dich wachzurütteln und herauszuschubsen aus deinem Schlaf.

Du bist hier, weil du es wolltest und dein Da-Sein hat einen Grund, du bist ein großes Licht, ein Lichtarbeiter, ein Aufstiegshelfer, du – ja genau du, wirst hier gebraucht!
Nimm deine Aufgabe an und schau, wie du in deinem Alltag bewusst Sein kannst und erzähle anderen vom neuen Bewusst-

Sein welches sich ausbreitet um die ganze Welt.
Lasse los und reinige, kläre deine Gedanken, deine Gefühle, die alten Muster, deine Chakren, deine Aura und dein ganzes Sein und sei die / der du bist:

LIEBE

Nun fragst du dich, wie du es umsetzen kannst und ich sage dir:
Fang einfach an!
Der erste Schritt ist der, der den Prozess auslöst, zeige deine Bereitschaft, rufe mich St. Germain oder andere Wesen der geistigen Welt und bitte um Führung. Und manchmal darfst du dich erneut dran erinnern, dass du dich bereits für diesen Weg entschieden hast, sonst wärest du nicht jetzt inkarniert, auch wenn du vielleicht nun wieder in einem Loch sitzt und glaubst dass alles sinnlos ist.
Du brauchst nur bewusst hinzusehen, es ist leichter als du denkst, alles liegt auf deinem Weg.

Zunächst beginne einen ganzen Tag lang deine Gedanken zu beobachten.
Einfach beobachten, du bist nicht deine Gedanken und dennoch beeinflussen deine Gedanken dein ganzes Sein.
Werte nicht – schaue einfach nur am Ende des Tages auf was der Großteil deiner Gedanken ausgerichtet ist.
Das ist ein Schritt zur Bewusstwerdung.
Erkenne dich selbst und sieh den Segen in deiner Erkenntnis, anstatt dich zu verurteilen.
Erkenne an, dass du ab und zu dunkle Gedanken hegst, du lebst (noch) in einer dualen Welt, nimm es an, so wie es ist. Allein durch deine Erkenntnis wirst du bewusster denken, dich bewusster ausrichten und dein bewusstes Denken führt dazu, dass du klarer die Dinge in dein Leben ziehst, die zum Besten Aller auch dich mit Glück erfüllen.
Kreiere deine Wirklichkeit, indem du bewusst beginnst zu denken und zu handeln und erkenne die Wunder, die in deinem Leben geschehen.
Durch dein Denken hast du auch Einfluss auf das Kollektivbewusstsein und je mehr Menschen dies beherzigen, desto mehr

bist du im goldenen Zeitalter.
Die Revolution beginnt von „unten“, je mehr Menschen das Einheitsbewusstsein haben, desto mehr werden die Reichen und Mächtigen ins Straucheln geraten und schließlich den Platz freigeben für das neue Bewusstsein.
Deine alten Muster bedürfen so auch der Bewusstwerdung, brich die alten Strukturen auf und handle anders, als du es vorher getan hast, denn hätte es funktioniert, hättest du ja nun kein Problem mit diesem alten Muster.

Scheue dich nicht um Hilfe zu bitten und dich spirituell weiterzubilden. Je mehr du jetzt lernst, je intensiver du dich jetzt weiterbildest, in welcher Form auch immer, desto leichter wird dir die Übergangszeit fallen und du wirst mit deinem Wissen ein Licht für andere sein können. Schaffe jetzt die Grundlagen, warte nicht, die Zeit der Ausreden ist vorbei.

Wachgerüttelt habe ich dich nun liebes Menschenkind, ist es doch mein größtes Anliegen nicht nur ein vereintes Europa, sondern eine vereinte Erde zu erschaffen, in der jede Seele sich frei entfalten kann.

Du bist einzigartig, liebes Menschenwesen – ja du – genau DU.

In Liebe und Verehrung für dein Sein, St. Germain.“

Anrufung der Regenbogenenergie

Themen

- Lebensfreude / Kraft
- Frische / Antrieb / Schwung
- Sonne / Sonnenenergie
- Wachstum
- Chakren / Aura
- Heilung auf Zellebene
- Zellinformation
- Zellcodierung
- Indigokinder / Sternenkinder / Delfinkinder
- Regenbogenkinder / Kristallkinder
- Kinder der neuen Zeit
- Verankerung des göttlichen Lichts in den Zellen
- Wunscherfüllung

Beschreibung

Die Regenbogenenergie ist sehr komplex, die geistige Welt gab mir dazu folgende Informationen:
„Geliebte, sogleich will ich dir von der Regenbogenenergie berichten, um dir Klarheit zu verschaffen, so dass du dieses weitergeben kannst.
Die Strahlen der Regenbogenenergie agieren direkt mit den Chakren, den Energiezentren des Menschen. Sie besteht aus Anteilen der 12 göttlichen Strahlen, genaugenommen sechs, die ihr in euch verankert, wenn ihr die Energie ruft.
Zusätzlich fließt ein indigofarbener Strahl hinzu, der die Energie von meinem Sein und meiner Kraft beinhaltet – ich bin Erzengel Raziel. Nicht ohne Grund werde ich Engel der Sonnenkraft genannt, denn ich verbindet dich mit der Sonne. Eure Sonne ist es, die eure Zellen nährt und sie neu codiert, um mehr und mehr göttliches Licht in euren Zellen zu verankern. Ihr erhaltet immens viele Informationen für euren physischen Körper in Form von Lichtenergie aus der Sonne.
Für alle weiteren Erklärungen werde ich dich nun führen, so das es den Menschen eine wundervolle Unterstützung sein möge. In Liebe, Raziel. “

Die Energien der sieben Regenbogenstrahlen

Wie Erzengel Raziel sagt, beinhaltet die Regenbogenenergie sechs der zwölf göttlichen Strahlen. Die göttlichen Strahlen sind die 12 Aspekte der Quelle, sie werden von aufgestiegenen Meistern und Erzengel geleitet.
Rufen wir diese Energie, können wir diese Aspekte der Quelle immer mehr in uns verankern und diese Qualitäten integrieren. Ich gebe dir nun eine kurze Beschreibung der Aspekte, die in dieser Energie enthalten sind. Die Zuordnung des Chakras zeigt an, auf welche Weise, die Energie in den Körper eindringt, schauen wir uns alle Aspekte an, so sehen wir, dass die Regenbogenenergie alle sieben Hauptchakren anspricht.

1. Strahl:
Farbe: blau
Engel/Meister: Erzengel Michael, Meister El Morya
Chakra: Halschakra
Qualitäten: Schutz, göttlicher Wille, Integration von Schatten

2. Strahl
Farbe: gelb
Engel/Meister: Erzengel Jophiel, Meister Konfuzius
Chakra: Kronenchakra,
Qualitäten: Erleuchtung, Weisheit, Gewissheit

5. Strahl
Farbe: grün
Engel/Meister: Erzengel Raphael, Meister Hilarion
Chakra: Herzchakra, 3.Auge
Qualitäten: Heilung, Wahrheit, Ursachen erkennen

6. Strahl
Farbe: rot
Engel/Meister: Erzengel Uriel, Lady Nada
Chakra: Solarplexus
Qualitäten: Dienen, Hingabe, Demut

7. Strahl
Farbe: violett
Engel/Meister: Erzengel Zadkiel, Meister St. Germain.
Chakra: Sakralchakra
Qualitäten: Transformation, Vergebung, Loslassen

11. Strahl
Farbe: orange
Engel/Meister: Erzengel Perpetiel, Lord Maitreya
Chakra: Solarplexus, Herzchakra (im Bereich der Leber)
Qualitäten: Lebensfreude, Vollkommenheit, Fülle

Zu den sechs der zwölf göttlichen Strahlen kommt noch ein Farbstahl der uns mit der Sonnenenergie verbinden kann. Es ist der Indigostrahl.

Indigo ist ein sehr dunkles blau, das schon fast violett ist, man könnte auch mitternachtsblau sagen. Erzengel Raziel unterstützt uns mit diesem Strahl dabei, uns mit der Sonnenenergie zu verbinden, die uns mit ihrem Licht und ihrer Kraft nährt. Der Indigostrahl ist dem Wurzelchakra zugeordnet und wirkt dementsprechend auch erdend, er verbindet die männliche Sonne mit der weiblichen Erde. Weiterhin hat dieser Strahl auch eine Verbindung zum 3. Auge und stärkt damit die Wahrnehmung und hilft beim Empfangen der göttlichen Informationen. Menschen, wie z.B. Indigokinder, die sehr stark mit diesem Strahl verbunden sind, fallen durch ihre starke Wahrnehmungsfähigkeit auf, denn sie durchschauen die Illusionen der Dreidimensionalität.
Weitere Qualitäten: Hohes Bewusstsein, tiefes Urvertrauen in die Schöpfung.

Kinder und die Regenbogenenergie

Es gibt sie, die besonderen Kinder, die Kinder der neuen Zeit. Sie werden Indigokinder, Kristallkinder, Sternenkinder, Regenbogenkinder, Delfinkinder usw. genannt. Ich möchte Menschen nicht in Schubladen stecken und sie kategorisieren, deshalb

möchte ich hier keine Kriterien aufzeigen, woran man welches Kind erkennt, denn das ist gar nicht wichtig und es würde mehr den Verstand als das Herz füttern. Eines paar Dinge haben die Kinder der neuen Zeit alle gemeinsam, sie passen nicht in die alten Strukturen der alten 3 D Welt, sie sind hochsensibel, sehr medial und bringen Erwachsene oft an ihre Grenzen. Jeder Mensch ist unter einem bestimmten göttlichen Aspekt der Farbstrahlen geboren, dessen Qualitäten man in besonderem Maße in sich trägt. Hellsichtige Menschen können dies durchaus aus in der Aura eines Menschen sehen. Doch auch hier geht es nicht ums kategorisieren, denn Ziel ist es alles göttlichen Aspekte in sich zu vereinen.
Indigokinder sind z.B. unter dem Indigostrahl geboren und Kristallkinder unter dem Kristallstrahl usw. Alle diese Kinder der neuen Zeit haben eins gemeinsam, sie sprechen sehr stark auf die Regenbogenenergie an. Je nachdem welcher Aspekt hier vorherrschend benötigt wird, kann man auch den Engel oder Meister des entsprechenden Strahls dazu rufen. Wichtig ist, das man, bevor man mit der Regenbogenenergie arbeitet, wissen sollte, was genau das Thema ist, um den entsprechenden Engel oder Meister anzurufen. Du kannst z.B. die Energieanrufung wie folgt machen: „Ich rufe jetzt die Regenbogenenergie und bitte insbesondere Erzengel Raphael um Heilung für.... Danke."
Ich empfehle vor einer Sitzung mit Regenbogenenergie, dich bzw. deinen Klienten gut zu reinigen und zu erden, denn umso besser kann die Energie fließen. Reinigung kann z.B. sehr gut mit der Transformationsenergie erfolgen.

Sonnenenergie

Die Regenbogenenergie trägt den indigofarbenen Aspekt in sich, der uns mit der Sonnenenergie verbindet. Hierzu kann man gezielt Erzengel Raziel rufen, der ja auch Engel der Sonnenkraft genannt wird. Die Sonne unseres Sonnensystems hat direkten Einfluss auf uns. Ich persönlich bemerke dies immer an ihrer Aktivität, ist die Sonne sehr aktiv, gibt es Eruptionen und starke Sonnenwinde, dann bin ich auch sehr aktiv und kann nachts oft nicht schlafen. Ist sie hingegen sehr ruhig, fühle ich mich oft etwas matt und benötige mehr Ruhe. Wie sich die solare Aktivität auswirkt ist bei jedem Menschen unterschiedlich und so kann es bei dir genau andersherum sein. Unsere Sonne gibt unseren Zellen neue Informationen, um mit dem ständigen Energieanstieg auf Erden zurechtzukommen, die Sonne nährt unsere Zellen und hilft uns das göttlichen Licht zu verankern. Du kannst gezielt die Sonnenenergie rufen und sie bitten deine Zellen zu regenerieren und zu heilen.

Meine Wahrnehmung der Energie

Mit der Sonnenenergie habe ich schon einige Erlebnisse gehabt. Seit viele Jahren habe ich immer diese Bilder, wenn ich in die Sonne gesehen habe. Ich hatte mir nie was dabei gedacht, bis ich eine Information dazu bekam. Ich sehe, wenn ich in die Sonne blicke, verschiedenfarbige Formen und Bilder, oft in Form von Punkten, die mit Strichen verbunden sind. Ja wissenschaftlich gesehen sind es wahrscheinlich einfach nur Nachbilder die durch Augenüberreizung entstehen, doch seit dieser Info ist es für mich doch etwas mehr.... In der Information hieß es, dass diese Bilder und Formen, die ich sehe, die Lichtcodes von der Sonne sind. Ich betrachte sie jetzt mit anderen Augen, habe mir auch schon einige aufgezeichnet und schaue, ob ich sie noch anders nutzen kann, aber das steckt noch in den Kinderschuhen. Wahrscheinlich kannst du diese Codes auch sehen, sei aber bitte vorsichtig, das grelle Licht tut deinen Augen möglicherweise nicht so gut, zumindest würde das sicher ein Augenarzt so sagen, so denke bitte daran dass du alles in Eigenverantwortung ausprobierst, denke auch immer einen Schritt weiter, sei dir bewusst, was du machst.

Nun kommen wir gleich zur Meditation „Reise durch den Regenbogen“ (gekürzte Version), ich mag diese Meditation sehr, denn ich fühle mich hier immer sehr getragen. Sie ist sehr gut für Einsteiger und vor allem auch für Kinder geeignet. Da jede Meditation auch immer etwas auslöst und bewirkt, sprich vorher mit deinem Kind darüber, es weiß ganz genau, was ihm gut tut und was nicht. Die ausführliche Reise durch den Regenbogen kannst du auch auf CD oder das Download erhalten.

Meditation

Reise durch den Regenbogen

Wir wollen uns heute auf eine Reise begeben….
…eine Reise durch den Regenbogen…
Mache es dir so richtig gemütlich.
Atme Entspannung ein und Verspannung aus…
Und nun stelle dir einen Regenbogen vor.
Sieh ihn in seiner ganzen Pracht leuchten?

Versinke in das leuchtende Rot, dass jetzt vor deinem inneren Auge erscheint…
Rot, die Farbe des Feuers, des pulsierenden Lebens.
Spüre in das Rot hinein, fließe hindurch, sei diese Farbe…

Siehst du nun das Orange?
Orange, die Farbe der Vitalität und Lebensfreude.
Orange, die Farbe der Gesundheit, der Freiheit und des Selbstvertrauens…
Stärke nun dein Selbstvertrauen, in dem du hinein schlüpfst in das Orange des Regenbogens.
Sei unabhängig, voller Lebensfreude.

Hast du schon das wärmende Gelb entdeckt?
Gelb, wie das leuchtende Rapsfeld am Wegesrand, das durch die Wärme der Sonne erblüht.
Das wärmende Gelb der Sonne lässt dein Rapsfeld erstrahlen, lässt dich erstrahlen…erwärmt deinen Körper, so dass es dir wohlig warm wird….

Das Grün des Geben und Nehmens erstrahlt nun vor deinem inneren Auge…
Sei dieses Grün des Regenbogens schlüpfe hinein…
Grün, die Farbe des aufkeimenden Lebens und der Evolution…
Riechst du das grüne Gras, an dem noch Tautropfen hängen?
Kannst du das weiche Moos unter deinen nackten Füßen spüren?

Vor dir liegt nun die klare blaue Fläche eines ruhigen Meeres…

Höre das Rauschen der klitzekleinen Wellen…
Blau kühlt die Sinne und schenkt dir Heilung und Vertrauen…
Schmeckst du das Salz auf deine Lippen, als wenn du gerade im Meer gebadet hast?

Lasse los und vertraue auf das große Ganze mit der Farbe Indigo…
Dem Mitternachtsblau, siehst du den Sternenhimmel?
Indigo gibt dir tiefere Einsichten für den Sinn und die Ziele deines Lebens…

Nun bist du am tiefsten Punkt des Regenbogens angekommen …dem Violett…
Violett die Farbe des reinen Seins, nun bist du mit deinem höheren Selbst und mit deiner Seele verbunden…weit oben schwebst du und bist doch ganz bei dir….

Du reitest auf dem Regenbogen durch dein Sein und erfasst zum ersten Mal vielleicht, welch multidimensionales Wesen du bist…
Und gleitest langsam hinunter von deinem Regenbogen.
Und da ist es das Ende des Regenbogens…
Hier liegt dein heiliger Gral…
Was es ist, kannst du nur selbst erfahren…spüre ihn, sieh hinein…nimm ihn wahr…
Vielleicht liegen hier Botschaften für dich bereit oder dir noch verborgene Talente…
Schau ihn dir an deinen Gral…lasse dir Zeit dabei.

Nun ist es Zeit dich von deinem Gral zu verabschieden, jederzeit kannst du wieder zu ihm gehen…nimm die Dinge, Botschaften, Gaben mit, die dir gezeigt wurden…
Dein Bewusstsein steigt nun langsam wieder hinauf auf den Rücken des Regenbogens…und du wanderst wieder von Farbe zu Farbe…nimm sie alle noch einmal genau wahr…

Als erstes durchfließt dich das Violett, die Farbe der Erleuchtung, der du heute wieder ein Stück näher kommen durftest…
Das Violett geht über in das tiefe Mitternachtsblau, dem

Indigo...fliege durch den Sternenhimmel langsam zurück in dein Tagesbewusstsein...
Jetzt gleitest du durch das erfrischende, kühle blau, schmecke noch einmal das Salz auf deinen Lippen, als wenn du gerade im Meer gebadet hast...
Und das Leben keimt auf mit der Farbe grün, spüre das grüne Gras unter deinen Füßen, nimm den Duft wahr...
Und es wird heller vor deinen Augen, ja da ist sie die gelbe wärmende Sonne, die das gelbe Rapsfeld zum Strahlen bringt...
Spüre nun die übersprudelnde Lebensfreude der Farbe Orange...
Und nun bist du zurückgekehrt zum Rot, wo alles begann... nimm noch einmal das pulsierende Leben dieser Farbe wahr...
Du bist erfrischt, voller Kraft und Energie...

Nun bewege ganz langsam, deine Arme, deine Beine
Und komme zurück ins hier und jetzt...
Verabschiede dich von deinem Regenbogen und öffne deine Augen...

Energieanrufung Metatron

Themen

- Berufung finden
- Überwindung der Dualität
- Ausgleich von männlicher und weiblicher Energie
- Verbindung zum Göttlichen / Ich Bin Gegenwart
- Geistige Klarheit / Erkenntnis / Wahrheit
- Schöpfermacht / Wunscherfüllung
- Seelenplan / Struktur
- Schatten erkennen
- Grenzenlosigkeit / Mulitdimensionalität
- Zielgerichtetheit / Orientierung / neue Wege gehen
- Heilung / Vollkommenheit

Beschreibung

Erzengel Metatron steht, wie der Name schon sagt, neben dem Thron Gottes, er hat die höchste Energie der Erzengel und wird auch König der Engel, Engelsfürst oder Stimme der Quelle genannt. Metatron ist der Hüter der Akasha-Chronik, dem universellen Gedächtnis, in der alle Seelen mit allen Inkarnationen, allen Seelenplänen usw. aufgezeichnet sind. Durch ihn können wir dort Zugang erhalten und Einblick in unseren Seelenplan nehmen, wenn dies für die Entwicklung unserer Seele förderlich ist. Es ist durchaus auch möglich dort bestehende Glaubenssätze durch Liebe zu ersetzen, wenn wir erkannt haben, dass wir diesen Satz nicht mehr benötigen. Hierzu müssen wir dann nicht unbedingt in den Seelenvertrag schauen, in der heutigen Zeit ist das bewusste Erkennen und das Ausrichten auf das Neue meist ausreichend.

Metatron unterstützt uns dabei unsere eigene Schöpfermacht anzunehmen, unsere wahren Wünsche zu erkennen und sie zu erfüllen. Hier hilft er auch bei der Erkenntnis, warum man diesen Wunsch erfüllt haben möchte. Wünschen wir aus dem Mangel heraus, weil uns etwas fehlt, sind wir nämlich nicht in unserer Schöpfermacht, dies lässt uns Metatron sehr gut erkennen. Dies wiederum bedeutet, dass er uns unsere eigenen Schatten erkennen lässt, bzw. das, was noch der Heilung bedarf.

Der Würfel des Metatron der auf dem Energiebild zu sehen ist, beinhaltet 4 der 5 platonischen Körper. Platonische Körper sind Formen aus der heiligen Geometrie, die als Grundsteine der Schöpfung angesehen werden und den fünf Elementen entsprechen (Feuer, Erde, Wasser, Luft, Geist). Da ich keine Mathematikerin bin, belasse ich es bei dieser Erklärung, weiteres würde ohnehin nur unseren Verstand füttern, wir aber wollen ja die Energien mit dem Herzen erfahren.
Dieser Würfel hat die Eigenschaft männliche und weibliche Energien zu verbinden, überwindet damit die Dualität und zeigt hiermit unsere Ganzheit, die sich als grenzenloses mulitdimensionales Wesen zeigt, das wir in Wahrheit sind.
Es gibt keine Grenzen.
Die geistige Welt sagte hierzu vor einiger Zeit zu mir:
„Die einzigen Grenzen, die es gibt, existieren in euren Köpfen.“

Weiterhin ist dieser Würfel auch ein großes Heilungssymbol, denn es stellt die Vollkommenheit unseren schöpferischen Wesens dar. Er verbindet uns mit unserer Göttlichkeit und überträgt so auf unsere Energiekörper Informationen der Vollkommenheit.

Deine Berufung

Metatron kennt unseren Seelenplan und hilft uns diesen strukturiert umzusetzen. In der neuen Zeit greifen viele der alten Seelenpläne nicht mehr. Altes, Erkanntes darf gehen und dank der neuen Energien ist es möglich als Schöpferwesen zu agieren, anstatt einem vorgegebenen Plan zu folgen. Dies erfordert jedoch einen sehr hohen Grad an Bewusstheit und ist nicht mit dem menschlichen Willen zu erreichen, sondern mit dem absichtslosen Sein.
Unser Seelenplan beinhaltet auch unsere Berufung, dass was wir uns als Hauptaufgabe in diesem Leben vorgenommen haben. Wir haben aus menschlicher Sicht einen freien Willen und es steht uns frei diesem zu folgen oder eben nicht, doch unsere

Seele führt uns letztlich doch dorthin, wo es die Schöpfung für uns vorgesehen hat, wenn auch manchmal über Umwege, weil wir uns nicht einlassen mögen. Weiter unten findest du ein Channeling von St. Germain zum Thema Berufung.

Meine Wahrnehmung der Energie

Metratron ist mein kosmischer Vater und genauso fühlt sich seine Energie für mich an. Sehr mächtig, schützend, stützend, kräftigend, der Vater, der hinter mir steht. Auch mal rügend und streng aber immer voller Liebe. Und genauso fühlt sich auch seine Energie an, wenn ich ihn rufe.
Das er mein kosmischer Vater ist, weiß ich erst seit ein paar Jahren, ich hatte schon lange vorher einen intensiven Kontakt zu ihm. Zu Beginn fiel es mit nicht leicht seine Energie zu halten und ich bekam seine Botschaften immer nur häppchenweise, er ist wahrhaft mächtig. Manchmal weckte er mich nachts, damit ich weiterschreiben konnte, bis ich dann begriff, dass ich ihm nur sagen musste, dass ich jetzt schlafen möchte und es gern am nächsten Tag notiere. Ich traute mich nicht, weil er so eine mächtige Energie hat, als ich es ihm dann aber sagte, meinte er, dass er nur darauf gewartet hätte, dass ich ihm endlich auf Augenhöhe begegne und ihm sage, wenn es mir grade nicht passt. Seitdem ist mein Verhältnis zu Metratron sehr entspannt und er weckt mich nachts auch nicht mehr, trotzdem fühlt er sich an wie ein Vater, denn er ist der einzige Engel, der mir auch mal liebevoll sagt, dass ich da gerade einen Umweg mache. Falsche Wege gibts ja nicht, alle führen zum Ziel, auch Umwege...
Und dank meiner tiefen Verbindung zu Metatron, darf ich mich auch mit dem Thema Berufung genauer beschäftigen, was mir viel Freude macht. Ich wünsche mir, dass alle Menschen ihre Berufung leben können, in welcher Form auch immer, denn so wie St. Germain eben sagt, eine Berufung muss kein Beruf sein. Inzwischen darf ich auch Menschen dabei unterstützen ihre Berufung zu finden und begleite sie auf ihrem Seelenweg, dass ist eine wirklich schöne Aufgabe, die ich da bekomme habe. Letztendlich geht es darum sich selbst zu erkennen, denn nur so wird man den Ruf hören und ihm auch folgen können.

In diesem Zusammenhang möchte ich nun etwas über den Ruf erzählen den ich eines Tages vernommen habe.

JA, ich bin gerufen worden, so richtig bewusst wurde mir dies erst, nach vielen Jahren.
Es gab zwei sehr entscheidende Situationen, die mich dazu bewegt haben, meinem Herzen und damit meiner Berufung zu folgen.
Ich wurde im Jahr 2010 in einen Buchladen geführt, ich war gerade arbeitslos geworden und konnte mich nicht so recht entscheiden, was ich nun tun sollte. Wieder in einem Angestelltenverhältnis zu arbeiten schien mir unvorstellbar, nur der Gedanke daran fühle sich wie „sterben“ an, dementsprechend unmotiviert und erfolglos waren meine Bewerbungen. Jedoch meine spirituelle Ader, die ich schon viele, viele Jahre nebenberuflich auslebte, in eine „Hauptberuf(ung)“ umzuwandeln, wirkte auf mich eher unrealistisch und machte mir Angst. Es gab schon lange einen Drang in mir, dem zu folgen, was ich schon immer in mir gespürt hatte, doch es fehlte mir der Mut, eine Idee für das „Wie“ und der entscheidende Wink dazu. Wir warten ja alle gern auf Zeichen...und manchmal schicken die Engel unübersehbare. Nun, dann war ich im Buchladen, mein Blick fiel sofort auf ein Buch, mit dem ich ein bisschen Daumenkino spielte und es irgendwo aufschlug...Und da stand der absolut entscheidende Satz für mein weiteres Leben:
„Willst du deine Zeit verkaufen oder deine Berufung leben?“
(aus dem Buch: Liebe dich selbst, auch wenn du deinen Job verlierst. Zurhorst/Goldmann Arkana).
Es war, wie ein Blitz, der in mich einschlug, DAS war das Zeichen von „oben“, deutlicher konnte es kaum noch sein. Das war der Tag der Entscheidung, der Tag, der mich dazu brachte mich ausschließlich mit meiner Berufung, mit dem, was mir Freude macht zu beschäftigen.
Und was soll ich sagen, es funktionierte und es ist heute so, dass es nicht nur funktioniert, sondern dass es fließt. Ich bin im Fluss der Freude angekommen, gepaart mit unendlicher Dankbarkeit, dass ich meine Berufung leben darf. Und nicht eine Sekunde habe ich daran gezweifelt, dass dies mein Weg ist, auch wenn er nicht immer leicht ist.

Dies war die erste Situation und so möchte ich nun von der zweiten Situation berichten, meiner Begegnung in einem Kloster.
Ich nahm dort an einem Meditationswochenende teil, ein Mönch erzählte uns zu Beginn etwas über das Kloster und über den Weg zu seiner Berufung als Mönch. Er sprach von seinem Werdegang und davon, dass er eines Tages zu seiner Mutter ging und ihr sagte, dass er Mönch werden wollte.
Darauf hin fragte seine Mutter ihn:
Hast du den RUF gehört?
Denn das Wort BeRUFung beinhaltet den RUF.
Weiter sagte sie, wenn du den Ruf hörst und du mit ganzem Herzen JA sagst, dann ist es dein Weg, deine Berufung, dann geh mein Sohn.
Diese Worte haben mich so unendlich berührt. Ich lebte zu der Zeit schon meine Berufung und doch haben mich diese Worte so sehr bewegt, weil ich erkannte, dass ich tatsächlich diesen Ruf schon mein Leben lang vernommen hatte und das mein ganzer Lebensweg, alle Irrwege, all die Krisen und Erfahrungen, die ich gesammelt hatte, mich einzig und allein darauf vorbereitet hatten. Vorbereitet auf das JA meines Herzens, das auf den Ruf der Schöpfung folgte, den ich schon immer wahrgenommen hatte, doch nie zu deuten wusste.
Eine Berufung ist lebendig, sie wächst und verändert sich, ich spüre immer mal wieder in mich hinein, ob es in mir immer noch JAAA ruft...ja das tut es aus voller Inbrunst und es kommen immer mal wieder neue Dinge dazu, die JAAA rufen und genauso gehen manche Dinge auch wieder.
Das Leben ist Veränderung und Veränderung ist Leben.
Es gibt viele Wege der Berufung zu begegnen, es muss nicht immer ein Beruf daraus werden, wie bei mir. Das Wichtigste jedoch ist das Vertrauen auf die innere Führung, das Lauschen auf die Seele, das Hingeben in den Fluss des Lebens und dem Ruf des Herzens zu folgen.
Die Berufung zeigt sich im JAAAA des Herzens.
...und Metatron war mir eine große Hilfe dabei, diesen Weg zu gehen.
Zur Berufung habe ich von Meister St. Germain folgende Botschaft erhalten:

Botschaft der geistigen Welt

Berufung und Freiheit der Seele - St. Germain

„Mein Herz geht auf, ihr Lieben, denn es ist mir eine Ehre zu euch zu sprechen. Soll es doch um des Menschen wichtigstes Thema gehen, den Sinn eures Daseins. St. Germain bin ich und durch meine Erdenleben, sind mir die Menschen gut vertraut. Viele Menschen suchen ihr Leben lang, ohne zu wissen, wonach sie suchen. Die meisten von euch, die diese Zeilen hier lesen, sind sehr bewusst und wissen wonach sie suchen. Die wenigsten von euch haben gefunden, wonach sie suchen.
Die Menschen suchen nach Lebenssinn und - aufgabe, nach ihrer Berufung.
...und dies wird in den nächsten Jahren massiv zunehmen.
Wie könnt ihr finden, wonach ihr sucht?
Zum Einen gibt es Lebensaufgaben, die die gesamte Menschheit betreffen und zum Anderen ganz individuelle, die sich eure Seelen erwählt haben. Die individuelle Mission könnt ihr nur selbst erfahren, indem ihr mit eurer Seele kommuniziert, die Engel und Meister befragt und durch Selbstbeobachtung erkennt. Es zeigt sich bereits in euren Neigungen, Interessen und Fähigkeiten, so ermuntere ich euch, hinzusehen.
Wobei fühlt ihr euch besonders erfüllt? Was zieht euch magisch an?
Wobei seid ihr so voller Liebe, dass ihr es macht, ohne dabei auf Entlohnung oder Zeit zu achten?
Was ist es, dass euer Herz so zum Klingen bringt, dass ihr in den Fluss der neuen Energie gelangt und damit automatisch auch eure materielle Existenz getragen wird?
Jeder von euch bringt Eigenschaften und Talente mit, gesammelt über viele Inkarnationen. Diese gilt es in euer Leben zu integrieren. Nachdem das, was da ist, gelebt wird, eröffnen sich euch weitere Themen, die in der Dualität erfahren werden wollen.
Die Aufgaben der Seele umfassen 3 Wege.
Es gibt Dinge, in denen sich eure Seele qualifizieren möchte, Dinge, die sie in diesem Leben lernen möchte zu lieben, anzunehmen und Dinge, die sie transformieren und darüber hinaus wachsen möchte.

Was möchte eure Seele ganz individuell lernen?
Spürt nach...denn eure BeRUFung ist der Ruf eurer Seele.
Eine Berufung muss kein Beruf sein.
So kann eine Verkäuferin, deren Mission es ist, das Herz anderer Menschen zu öffnen, ihre Arbeit genauso wundervoll vollbringen, wie jemand, der sich als selbständiger Heiler der Herzöffnung widmet. Beides ist einfach nur ein Ausdruck des individuellen Selbst. Eure Seele zeigt euch euren Weg, ihr werdet geführt und habt die freie Wahl, wie ihr dieses ausdrücken wollt.
Doch nun zu den Missionen, die jede/r von euch in sich trägt:
Bedingungslose Liebe.
Allumfassende Freude.
Wahres Sein.
Erfahrung der Dualität.
Erfahrung der Einheit.
Mit jeder Inkarnation hab ihr euch weiterentwickelt in diesen Bereichen. Zuerst wart ihr im Kindergarten des Lebens und lerntet grundsätzliches über das Menschsein, dann kamt ihr in die Schule, um die Dualität mit allen Seiten zu erleben und in dieser Inkarnation werden viele von euch die großen Zusammenhänge erkennen und das Spiel Erde erfolgreich abschließen. Und hier liegt auch der Sinn eures Lebens. Euer Sinn muss keine Tätigkeit sein, denn euer Sinn ist einfach nur das SEIN.
Um dies zu begreifen, dürft ihr den Unterschied zwischen Tun und Sein entdecken. Das meiste, was ihr glaubt zu sein, sind Dinge die ihr aktiv betreibt. Das Sein ist passiv.
Womit identifiziert ihr euch?
Mit eurem SEIN oder eurem Tun?
SEIN ist Freude.
Ihr seid hier, um Freude zu SEIN.
Das Leben ist ein Spiel, eine Illusion.
Ihr erlebt Tiefpunkte nur aus dem Grund, die Freude wahrzunehmen, dass wäre nicht möglich, wenn ihr die andere Seite der Münze nicht kennen würdet. Deshalb hat die Schöpfung sich in viele Teile getrennt und diese Teile seid ihr. Sie ist reine Liebe und wie kann sie sich erfahren, wenn dort nichts ist außer Liebe? Durch euch, die ausgesandten Teile der Schöpfung, ist

dies erst möglich. Habt ihr die Traurigkeit nie erfahren, wie könnt ihr dann wissen, wie sich wahre Freude anfühlt? Aus diesem Grund brauchtet ihr all diese Erfahrungen, doch nun ist diese Zeit vorbei.
Das Zeitalter der Freude, der Liebe, der Freiheit hat nun begonnen, es ist euer natürliches Recht frei von jeglicher Bedingung – ihr braucht einfach nur zu SEIN.

Ihr habt die freie Wahl, ihr dürft nun eure Schöpfermacht wieder annehmen.
Und als Schöpfer seid ihr in eurem SEIN.
SEIN ist Liebe.
Ihr seid hier, um Liebe zu SEIN.
Bedingungslose Liebe ist das Christusbewusstsein der 5. Dimension dem ihr immer näher kommt.
Und so hat die Mission eines jeden Menschen damit zu tun, zurück zu Gott, zum Licht, zur Einheit, zur Schöpfung zu finden. Habt ihr erkannt, das alles mit allem zusammenhängt, folgt die Erfahrung dessen.

Die Erfahrung der Einheit.

Ein gefühltes Wissen, das tief in euch ist – die Gewissheit.

Ein freudvolles SEIN wünsche ich euch meine Lieben, Meister St. Germain."

Energieanrufung Blume des Lebens

Themen

- Erdung / Verbindung mit mit der Erde
- Harmonisierung / Gleichgewicht
- Schöpfungsplan
- Herstellung der göttlichen Ordnung
- Erinnerung an die Schöpfung auf Zellebene
- Selbstheilung / Heilung
- Reinigung / Raumreinigung
- Kreislauf des Lebens
- Entstörung
- Stabilisierung / Kräftigung
- Verbindung mit dem Ursprung
- Lebensfreude

Beschreibung

Die Blume des Lebens ist ein sehr bekanntes Symbol, wir können uns ihre Energien zu nutze machen, indem wir sie gezielt rufen oder das Symbol visualisieren.
Die Blume des Lebens ist eigentlich dreidimensional, sie wird so aber kaum gezeichnet, weil wir vor lauter Kreisen gar nichts mehr sehen könnten und es wäre sehr schwer sie zu visualisieren. Es reicht, wenn man daran denkt, das sie dreidimensional ist, man muss es nicht sehen können. In der Blume des Lebens befinden sich alle 5 platonischen Körper der heiligen Geometrie, also alle Baumaterialien, aus denen die Schöpfung besteht. Die Blume des Lebens ist Symbol des Lebens und Symbol der Schöpfung. Sie ist sozusagen das Urmuster, der göttliche Bauplan der Schöpfung. Wir können sie als eine Art Schablone, als Vorlage verwenden, an der wir uns zu unserer allumfassenden Heilung ausrichten können.
Wenn wir uns daran erinnern, wie die Quelle sich einst teilte und ihre Teile sich weiter teilten, bis wir irgendwann daraus entstanden, dann steht ein Kreis in der Blume des Lebens für einen Teil der Schöpfung, ein Kreis bist du, ein Kreis bin ich und alle zusammen sind wir die Schöpfung. So sehe ich das zumindest. Dies erklärt auch, warum ich die drei Kreise, die normaler-

weise in vielen Zeichnungen die Blume des Lebens umrunden (einschließen) nicht zeichnen sollte. Die geistige Welt sagte mir hierzu, dass die Schöpfung unendlich ist und dass die drei Kreise, die für Körper, Geist und Seele stehen sollen, nichts anderes als Begrenzungen sind, die als eine Art Schutz dienen, damit wir die Unendlichkeit nicht erkennen können. Diese Kreise sind auf dem Bild nicht vorhanden, damit wir bei der Energieanrufung das volle Potenzial dieses mächtigen Symbols nutzen können.

Die Blume des Lebens anzurufen, ist sinnvoll, wenn man sich sowohl mit der Erde als auch mit der Schöpfung verbinden möchte bzw. diese Verbindungen ins Gleichgewicht bringen will. Wir können sie bitten, die Informationen des Schöpferplans in unsere Zellen fließen zu lassen und die göttliche Ordnung wiederherzustellen. Wenn wir um Wiederherstellung der göttlichen Ordnung bitten, dann lassen wir die Schöpfung walten und beeinflussen dies nicht mit unserem menschlichen Wünschen und Willen. Dies ist insofern wichtig, als dass wir Heilung und Veränderung nicht erzwingen können, denn ein Mensch kann auch mit Handycap genauso gottgewollt sein, hier können und dürfen wir nicht eingreifen. So können wir darauf vertrauen, dass die gottgewollte Form wiederhergestellt wird und nicht die menschgewollte.
Bei der Energiearbeit empfehle ich gleichzeitig Körper, Geist und Seele anzusprechen. Man könnte die Blume des Lebens wie folgt anrufen: „ Ich rufe die Blume des Lebens und bitte um Stabilisierung, Kräftigung und Heilung von Körper, Geist und Seele so wie es dem göttlichen Plan entspricht.“

Die Blume des Lebens kann wundervoll Räume harmonisieren, energetisieren und reinigen. Hierzu kannst du ein Bild von ihr an die Wand hängen, ihre Energien wirken weit über den Raum hinaus. Du kannst dich auch auf ein Bild von der Blume des Lebens stellen und dich von ihr reinigen und dein Energiesystem harmonisieren lassen. Schön ist es, wenn man hierzu seine eigene Blume des Lebens hat, abgestimmt auf die persönlichen Bedürfnisse und auf das persönliche Energiesystem. Versuche sie doch einfach mal selbst zu malen, sie muss nicht perfekt

sein, es ist eine wundervolle Art der Meditation. Ich habe schon einige Lebensblumenbilder gemalt, auch persönlich abgestimmte für andere Menschen und es ist schon ein ganz besonderes Gefühl sie zu malen, sie „entführt“ mich in andere Welten.
Zur Reinigung kommt auch noch die Entstörung. Die Blume des Lebens kann durch ihre harmonisierenden Schwingungen auch Räume und Energiesysteme (wie den menschlichen Körper) entstören, z.b. bei Elektrosmog oder energetischen Blockaden.

Meine Wahrnehmung der Energie

Ich habe schon oft mit der Blume des Lebens gearbeitet, sie bekommt immer eine andere Farbe, abgestimmt auf die Bedürfnisse des Klienten, oder auf meine, wenn ich sie für mich selbst rufe. Ich habe erfahren, dass ich die Blume des Lebens als dreidimensionale Form (Torus) visualisieren kann,um sie durch den Körper des Klienten fließen zu lassen. Um dies zu tun, benötigt man eine sehr gute Vorstellungskraft und viel Übung. Meiner Erfahrung nach kann sich so die Wirkung dieser Energie sehr gut entfalten, weil sie gezielt durch den Körper geleitet wird.
Weiterhin kann man die Blume des Lebens während einer Sitzung auch unter den Klienten legen, sie auf dem Klienten visualisieren oder sich vorstellen, dass die Blume des Lebens diesen Menschen komplett einhüllt, je nachdem was sich für dich stimmig anfühlt.
Wenn ich die Blume des Lebens rufe, verspüre ich immer ein pulsieren, das sich auf meinen ganzen Körper ausbreitet. Ohne es zu wollen, gerät mein Körper dadurch in Bewegung, er nimmt die Schwingung auf und schwingt mit der Blume des Lebens mit. Zu Beginn fand ich das sehr ungewohnt von einem Symbol in Bewegung gesetzt zu werden, inzwischen finde ich es sehr angenehm mit der kosmischen Schwingung mitschwingen zu dürfen.

Botschaft der geistigen Welt

Geht den Weg der Freude - die Engel der Freude

"Oftmals werden wir Engel gefragt, woran wir erkennen können, dass ihr euch auf eurem Seelenweg befindet. Es ist so leicht, so leicht, dass manche unter euch es kaum glauben können....

Geht den Weg der Freude. Was macht diese Freude mit euch?

Sie erfüllt euch.

Und das Gefühl der Erfüllung ist euer Weg.

Die Freude in eurem heiligen Herzen zeigt euch, dass ihr nur weiter der Spur folgen braucht.

Ganz ohne Anstrengung. Euch Menschen wird oft weis gemacht, dass ihr hart arbeiten müsst für eure Ziele, doch dem ist nicht so. Ihr seid göttlich, wertvoll und liebenswert einfach durch eure bloße Existenz, ihr müsst dafür nichts tun. Ihr müsst euch eure Daseinsberechtigung nicht erkämpfen und erarbeiten.

Und so spürt ganz besonders heute in euch:

Was bereitet euch Freude?

Wenn ihr an Freude denkt, welcher Impuls steigt dann in euch auf?

Ist es etwas kreatives? Etwas sportliches? Etwas natürliches?

Spürt nur und folgt diesem Weg.

Folgt ihm und lasst los, denn die Dinge entwickeln sich für euch von ganz allein.

Folgt ihr dem Weg der Freude, folgt ihr eurem Herzensweg.

Folgt ihr eurem Herzensweg, folgt ihr eurer Seele.

So einfach ist das, ihr Lieben und doch für euch lieben Erdenwesen manchmal nicht so leicht umzusetzen.

Woran ihr nun die Freude erkennt?

Denkt an etwas und spürt in euer Herz.

Es gibt drei Reaktionsmöglichkeiten:

Es zieht sich zusammen, es wird weit oder es fühlt sich neutral an.

Ihr könnt euch selbst erklären, was dies bedeutet.

Ja euer Herz spricht mit euch, in seiner ganz eigenen Sprache.

So folgt der Weite und somit der Freude eures Herzens.

Übt dies ein wenig, für manche ist dies ganz leicht und für manche etwas schwerer.

Es kommt nicht auf Schnelligkeit an, sondern auf Qualität. Ihr müsst nichts tun, einfach nur fühlen, was euer Herz sagt und euch dann auf das ausrichten, was sich besser anfühlt. Hier wird auch Neutralität vorkommen, dieser Weg ist dann meist nicht relevant für euren Seelenweg, auch wenn es für euch persönlich vielleicht wichtig sein mag.

So und nun genug der Worte...Freude musst ihr fühlen, es reicht nicht darüber zu lesen.

Freude ♥ Freude ♥ Freude.
ICH BIN FREUDE.
Freude ♥ Freude ♥ Freude.

Ihr könnt uns Engel herbeirufen, wir kommunizieren mit euch, ihr alle könnt dies lernen - folgt der Freude.

In Liebe, die Engel der Freude.“

Meditation

Erdung im Lichtkörperprozess - von Erzengel Haniel

Körperlich, emotional, mental, spirituell – im Stehen

„Liebe Seele, die gerüttelt und geschüttelt wird in dieser Zeit – wir rufen dich auf, dich zu erden auf allen Ebenen deines Seins. Nutze die Kraft und die Stärke von Gaia, Mutter Erde, und klar im Hier und Jetzt sein zu können. Nutze die Liebe und die Energie des Lichts, um deinem höheren Selbst immer näher zu kommen. Liebe Seele vollziehe die Übung so, das sie dir Freude bereitet, stell dir vor du wärst ein Kind, ganz ohne Erwartung und voller Neugier.
So bitten wir dich nun zunächst Kontakt mit Mutter Erde aufzunehmen.
Freudig und neugierig, wie ein kleines Kind, darfst du nun sein. Sei ausgelassen und nimm Kontakt zur Erde auf, indem du

einen freudigen Tanz tanzt, bewege dich, schüttele dich, nimm deinen Körper in seiner Gänze wahr.
Springe auf der Stelle, wenn der Platz zum Tanzen fehlt.
Nun wirst du langsamer in deinen Bewegungen und kommst zur Ruhe, beginne das Kribbeln in deinem Körper zu spüren.
Wie lange ist es her, dass du deinen Körper so wahrgenommen hast?
Voller kribbelnder Energie und Freude. Und spüre in deine Füße hinein, spüre, wie auch sie kribbeln, vielleicht sind sie auch ganz warm geworden. Und nun spüre weiter, wie stehst du auf Mutter Erde? Stehst du fest oder ist es etwas wackelig? Korrigiere deinen Stand, damit du fest und sicher stehst.
Vor deinem inneren Auge taucht nun dein persönlicher Erdungsbaum auf. Es kann jede Art von Baum sein, wichtig ist, dass du dich bei ihm wohl, sicher und geborgen fühlst.
Es kann eine Eiche, eine Linde, eine Kastanie sein, vielleicht auch eine Pinie oder ein Olivenbaum, alles was du jetzt wahrnimmst ist dein Baum. Machst du die Übung öfter, wächst dein Baum vielleicht oder er verändert seine Gestalt, so wie es ist, ist es gut.
Du musst ihn nicht sehen, es reicht, wenn du ihn fühlst oder weißt, dass er da ist.
Nun breite gedanklich deine Arme aus und lege sie um den Baum, spüre seinen festen Stamm, fühle die Rillen in seiner Rinde. Nimm ein paar tiefe Atemzüge und verbinde dich gedanklich mit seinen Wurzeln.
Und du spürst, wie aus den Fußsohlen plötzlich auch kleine Wurzeln wachsen, du bist so tief verbunden mit deinem Baum, dass du seinen Atem wahrnimmst.
Und mit jedem Atemzug wachsen deine Wurzeln tiefer und tiefer in den Erdkern hinein. Dies ist dein Baum, jederzeit kannst du dich wieder an ihn lehnen und dir Stärkung holen, wenn du sie benötigst. Und wie du so tief mit dem Baum verbunden bist, beginnst du seine Liebe zu dir in deinem Herzen zu spüren. Ganz warm wird es in deinem Herzen. Die Liebe überflutet und öffnet dein Herz. Spüre, wie immer mehr Harmonie, Leichtigkeit und Gleichgewicht in dein Herz einströmt. Spüre, wie die männlichen und weiblichen Energien in deinem Herzen eins werden und miteinander verschmelzen.

Lass dich erfüllen, die Liebe überströmt nun dein Herz und du möchtest vor Freude singen.
Worauf wartest du? Und du stimmst laut einen Ton an und tönst aus vollem Herzen.
Ja, das ist Lebensfreude pur. Vielleicht singst du auch ein Mantra?
Oder du rezitierst das Wort Liebe… tue, das, was du fühlst.
Verleihe deiner Freude Ausdruck, wie es dir gefällt, nur mache es laut, lasse es heraus, alles was sich aufgestaut hat und transformiere es in Klang.
Atme und singe liebe Seele. Durch den Klang deiner Stimme spürst du, wie deine Energie ansteigt. Die Wurzelkraft des Baumes und die Liebe des Herzens fließen durch alle Energiezentren deines Körpers und du dehnst dich aus in die Unendlichkeit, frei und grenzenlos. Spüre die unendliche Weite, die dich nun mit deinem höheren Selbst in Verbindung bringt. Und dein höheres Selbst tanzt vor Freude, weil ihr euch nun wieder ein Stück näher gekommen seid. Genieße die Einheit, genieße die Freiheit, genieße das Licht deines höheres Selbst, dass nun dein gesamtes Sein durchflutet.
Ihr seid EINS.
Wir sind EINS.
Du bist zu Hause IN dir.
Kehre nun langsam wieder zurück zu deinem Baum.
Auch ihr seid EINS.
Kehre nun zurück in dein Alltagsbewusstsein, gestärkt und voller Energie und Liebe.
Geerdet auf allen Ebenen deines Seins, gehst du nun deinen ganz persönlichen Weg deines Herzen.
Öffne in deinem Tempo die Augen, recke und strecke dich und fühle dich wohl."

Diese Meditation kannst du kostenlos von meiner Website herunterladen.

Energieanrufung Schöpferfunke / Manifestation

Themen

- Wunscherfüllung / Wünschen
- Kreation
- Schöpfung / erschaffen
- Bestellung
- Manifestation
- Fülle

Beschreibung

Der Schöpferfunke ist der Kick, der Auslöser, den wir benötigen, um vom Wünschen ins Erschaffen zu kommen. Er ist die Initialzündung, die es braucht, um in Kontakt mit dem Schöpferselbst zu treten.
Verbinden wir uns mit dem Schöpferfunken, verbinden wir uns gleichzeitig mit dem göttlichen Bewusstseinsfeld, von dem aus wahre Kreation, wahres Erschaffen überhaupt erst möglich wird.

Es gibt viele wunderbare „Krücken“ die uns lange Zeit geholfen haben, Parkplätze zu bestellen und unsere kleinen und großen Wünsche zu manifestieren. Bärbel Mohr hat auch mich damals dazu gebracht, mein Fühlen und Denken bewusst lenken zu lernen und Dinge beim Universum zu bestellen. Manchmal klappte es, manchmal nicht. Ich bin Bärbel Mohr unendlich dankbar dafür, dass sie mir und vielen anderen diesen Weg gab und damit letztlich zeigte, dass wir den Geschehnissen des Lebens nicht bedingungslos ausgeliefert sind, sondern dass wir selbst die Macht haben, diese zu beeinflussen. Sie führte uns behutsam aus dem Opferbewusstsein heraus und zeigte uns Wege uns selbst zu erkennen, wie viele andere Autoren zu diesem Thema. Sie bildete für viele Menschen die Grundlage zur Erkenntnis, dass wir alle multidimensionale Schöpferwesen sind.

Hier ändert sich nun einiges in der neuen Zeit, denn wahres Erschaffen ist aus dem 3 D Bewusstsein heraus nicht möglich, weil uns hier die alten Strukturen gefangen halten.

Das Wünschen, das Bestellen beim Universum ist nur in der 3. Dimension möglich, denn wünschen geschieht meist aus einem Mangel heraus und aus dem Glauben heraus, das es eine höhere Macht außerhalb von uns gibt, die diesen Wunsch erfüllen kann. Das klingt jetzt erstmal so, dass wir zuvor alles falsch gemacht haben, doch dem ist nicht so, es ist uns erst seit kurzer Zeit möglich überhaupt ins wahre Erschaffen zu gehen und so konnten wir beim Wünschen und Bestellen gute Grundlagen aufbauen. Es ist ein Entwicklungsprozess, in dem es nicht um falsch oder richtig geht, sondern um die Erweiterung des Bewusstseins, was sich dann auch im Außen manifestiert. Doch nun ist es Zeit unser wahres Schöpferwesen anzunehmen und zu erkennen, was möglich ist.
Wir stehen am Beginn einer neuen Zeit und können bereits jetzt unser Bewusstsein mit Hilfe der Energieanrufung Schöpferfunke ausrichten und aus dem Christusbewusstsein heraus erschaffen.

Um es nochmal deutlich zu machen, der große Unterschied zwischen Erschaffen und Wünschen ist das Bewusstsein.
Wenn wir wünschen oder bestellen sind wir nicht im Schöpferbewusstsein, denn wir bitten um etwas und erhoffen es zu erhalten (=Mangel), was zeigt, das wir noch nicht die Macht unseres Schöpferselbst erkannt / angenommen haben. Das ist überhaupt nicht schlimm, alles hat seine Zeit und jeder der gern wünschen möchte, soll es gern tun. Nur frage dich bitte immer, wenn du dir etwas wünscht, aus welcher Energie heraus du das tust. Wünscht du aus dem Mangel oder aus der Fülle heraus?
Wünschen oder bestellen tun wir im Normalfall, wenn wir etwas haben wollen, was nicht da ist. Wir glauben an eine höhere Macht, die Wünsche erfüllen kann und sehen uns damit getrennt von der Quelle der Schöpfung. Wir haben das Gefühl, es fehlt uns etwas und sind folge dessen im Mangel. Überprüfe dich mal selbst, wenn du dir etwas wünscht. Möchtest du gern in den Urlaub fahren, weil du gerade Stress hast, Erholung brauchst oder einfach nur weg möchtest? Ist das Fülle? Nein, wenn wir aus diesem Gefühl heraus wünschen sind wir im Mangel. Aus der Fülle heraus etwas zu erschaffen, wäre, wenn du das Gefühl hast, dass alles bereits da ist und du keine Bedürf-

nisse mehr hast – dann kreiert dein Schöpferselbst nämlich von ganz allein.
Klingt kompliziert, ist es aber nicht, sobald du diesen Bewusstseinszustand zumindest mal für einen kleinen Moment erreicht hast.
Also:
Frage dich, warum brauche ich das, fühle ich mich im Mangel?
Und wer wünscht sich das?

Die Stufe zwischen dem Wünschen / Bestellen und dem absichtslosen Schöpfer-Sein ist für mich das Manifestieren. Das ist der Punkt an dem viele spirituell offene Menschen, zum Zeitpunkt zu dem ich dieses schreibe, stehen. Dies ist keine Wertung, sondern einfach nur der Ist – Zustand.

Ein Manifest ist etwas in Stein gemeißeltes, etwas materialisiertes, etwas verwirklichtes bzw. etwas zum Ausdruck gebrachtes.
Wenn wir manifestieren wollen wir etwas verwirklichen. Wenn wir etwas verwirklichen wollen, gehen wir davon aus, dass es jetzt in diesem Moment nicht sichtbar ist, aber sehr wohl auf einer anderen Ebene bereits vorhanden.
Die Trennung von der Schöpfung hebt sich in diesem Bewusstsein auf und wir nehmen uns als verbunden wahr, wir erkennen, dass nichts außer uns existiert. Wir erkennen langsam, dass wir die Quelle selbst sind, zumindest ein Teil davon.

Manifestieren tun wir, indem wir bewusst oder unbewusst mit unseren Gedanken und Gefühlen etwas fokussieren, wir richten unsere Aufmerksamkeit darauf. Wir visualisieren z.B. bewusst den nächsten Urlaub oder das schöne Häuschen im Grünen, stellen es uns in allen Einzelheiten vor, um dies dann in unser Leben zu ziehen. Oder aber wir kreieren unbewusst etwas, was wir dann durch das Gesetz der Resonanz in unser Leben ziehen, egal ob es schön oder nicht so schön ist.

Beim Manifestieren kontrollieren wir mit unserem Willen (Ego) die Richtung. Wir achten auf unsere Gedanken, sind uns bewusst, das wir mit Gedanken und Gefühlen erschaffen und kre-

ieren uns unsere eigene Wirklichkeit.
Wenn wir gezielt manifestieren, nutzen wir unseren Willen (Ego), der zwar ein Teil von uns ist, der jedoch sehr einschränkend wirken kann, denn vielleicht möchte unser großes Schöpferselbst ja etwas ganz anderes für uns erschaffen, wir hindern es aber möglicherweise daran, weil wir versuchen ganz bewusst Einfluss drauf zu nehmen.
Für mich ist das eine wichtige Zwischenstufe, die jeder für sich eine Weile probieren sollte, wenn er / sie möchte. In diesem Zustand benötigen wir noch die Kontrolle und das ist auch ok, denn wir sind Menschen und das ist völlig normal.

Irgendwann beginnt man dann zu erkennen, dass man Kontrolle ausübt, versucht die Dinge ganz bewusst zu beeinflussen, was ja auch in viele Fällen sehr gut gelingt, doch letztlich ist das immer Manipulation. Ist das erkannt, bemerkt man, dass dies kein Denken ist, was ins goldene Zeitalter passt, jedoch, eine Erkenntnis, die uns wieder ein wenig näher dorthin bringt. Als nächstes geht es dann darum zu lernen geschehen zu lassen, die Kontrolle abzugeben und in tiefe Vertrauen zu gehen.

Lassen wir unser Schöpferselbst frei walten und sorgen in der Zwischenzeit dafür, dass wir das absolute Glück im Moment fühlen können, indem wir das lieben, was da ist, ohne dagegen zu kämpfen oder es anders haben zu wollen, können die Geschenke, die wir erhalten wirklich sehr überraschend sein und vor allem so, wie wir sie mit der größten Fantasie hätten kaum erfinden können.
Und dann sind wir auf der nächsten Entwicklungsebene angekommen.

Entwickeln wir uns ein paar Schritte weiter, so entsteht aus dem bloßen erkennen, das es keine Trennung gibt, sondern dass wir Teil des großen Ganzen sind, die Gewissheit und dem Gefühl der absoluten Verbundenheit. Wir müssen keine höhere Macht mehr bitten, weil wir es selbst sind. Was nicht heißt, das wir nicht mehr zu Gott beten sollten, weil wir es ja selbst sind. Natürlich können wir mit Gott und mit den Engel kommunizieren, mit dem tiefen gefühlten Wissen, das wir EINS sind und das es uns hilft, ab und zu mal einen Aspekt des großen Ganzen von Außen zu betrachten, um die Dinge klarer zu sehen.

Aus dem wahren reinen Schöpferbewusstsein heraus, haben wir keine Wünsche mehr, denn wir SIND Fülle, Liebe und Freude und unser Schöpferselbst erschafft aus sich selbst heraus – aus dem absichtslosen Sein, die Dinge, die uns noch mehr Freude, Liebe und Fülle bringen. Wir müssen uns gar nichts mehr überlegen, wir lassen einfach nur noch geschehen und erfreuen uns daran, wie wundervoll unser Erdenleben ist. Nichts davon ist falsch, egal ob du wünscht, bestellst, manifestiert, kreierst, erschaffst oder einfach nur noch im absichtslosen Sein bist – es sind nur unterschiedliche Bewusstseinsebenen, nicht mehr und nicht weniger.

Ja, eine sehr komplexe Energieanrufung ist das, versuche nicht sie mit deinem Verstand zu erschließen, lass dein Herz sprechen.

Meine Wahrnehmung der Energie

Die Energie des Schöpferfunkens fließt über mein 3. Auge oder über mein Kronenchakra in meinen Kopf hinein. Die Energiespirale des Schöpferfunkens fließt mit der vorderen Spitze auf dem Bild hinein, und wickelt sich wieder zu einer Spirale mitten in meinem Kopf auf. Manchmal dreht es sich auch ein wenig in mir und stellt meine Gedanken auf den Kopf.

Apropos Kopf...
Vom Kopf her wissen wir, dass wir Schöpfer sind und mulitdimensional, aber hast du mal versucht das wirklich zu fühlen? Mir gelingt dies erst seit einiger Zeit und seitdem weiß ich auch, wie groß der Unterschied zwischen glauben, wissen, wahrem Fühlen, wahrem Sein und tief gefühlter Gewissheit ist.
Folgendes habe ich für mich herausgefunden, du kannst ja schauen, ob das für dich auch passt.

Glaube ich, dass ich Schöpfer bin, kann ich es noch nicht wirklich fühlen und es hat etwas Ähnlichkeit mit dem Glauben an

den Weihnachtsmann.
Weiß ich, dass ich Schöpfer bin, ist es eine Klarheit in meinem Kopf, mein Verstand kommt damit nicht ganz zurecht und es kommen auch immer mal Zweifel. Zweifel sind völlig normal und keine Grund zu Sorge, sie zeigen uns nur, dass es da noch ein paar mehr Dinge gibt dir wir beachten, lernen und annehmen dürfen.
Fühle ich, dass ich Schöpfer bin, nimmt es eine ganz andere Dimension an, weil ich mich total verbunden fühle und die Größe meines wahren Wesen langsam erfühlen kann.
Verbinde ich nun fühlen und wissen und lebe dies eine ganze Weile, dann entsteht daraus die tief gefühlte Gewisstheit, das gefühlte Wissen, dass es so ist und niemals andere war oder sein wird und ich sage dir, dass ist ein geniales Gefühl.

Immer öfter habe ich diese Momente, in denen ich mich vollkommen erfüllt fühle und dann bin ich wunschlos glücklich. Alles Wünsche, die ich zuvor hatte, ob nach neuer Wohnung, einem Partner oder eine Reise sind wie ausgelöscht, ich lebe das absolute Glück im Moment. Das ist absichtsloses Sein. Das ist für mich das Ziel. Für dich auch?
Als ich vor einiger Zeit von Jesus die Botschaft bekam, dass ich mit mit dem Thema Vertrauen auseinander setzen sollte, kam mir das erst so nichtssagend vor (entschuldige Jesus), und ich dachte, dass ich schon lange total vertraue.
Dank ein paar Erlebnissen bin ich dann eines besseren belehrt worden und ich schaute mir meine Ängste an (mit der Meditation Emotionen transformieren, die ich eigens dafür bekam), ich übte mich im Loslassen, im Geschehen lassen und gewann immer mehr Vertrauen. Zurzeit befinde ich mich in einem Zustand, in dem ich mich absolut erfüllt fühle, auch wenn einige Wünsche, die ich immer hatte noch gar nicht erfüllt sind...sie sind einfach nicht mehr wichtig, ich brauche sie nicht zum Glücklich sein, ich habe erkannt, dass ich das alles gar nicht brauche.
Ich bin im hier und jetzt glücklich. Ehrlich gesagt hätte ich vor ein paar Jahren nicht für möglich gehalten, dass ich mich mal so fühlen könnte, ich war Meisterin des Wünschens und hatte die wahrscheinlich längsten Wunschzettel, die man sich so vorstellen kann. Und kreiert und manifestiert habe ich ohne Ende,

nun kann ich meine Kreativität ganz anders nutzen, dass hat viel Potenzial freigesetzt und ich kann dies jetzt z.B. sehr gut für dieses Buch nutzen...oh man und das macht mir soooo viel Spaß dies alles zu schreiben.
Das war für mich die Erkenntnis, dass dies genau der Punkt ist, an dem ich einen Schritt in mein Schöpferbewusstsein machen durfte. Ich habe keine Wünsche mehr, ich bin erfüllt, da ist kein Mangel mehr. Klar es ist schön, wenn noch ein paar Dinge dazukommen, aber nein, ich brauche sie nicht, mir fehlt nichts.
Ich fühle mich ganz, ich fühle mich vollständig.
Alles müssen, brauchen und wollen kommt aus dem Wesen namens Ego und ich will, muss und brauche gar nichts.
Mein Ego ist ein wunderbares Werkzeug geworden, ein Freund, dem ich gern zuhöre, von dem ich mich aber nicht bestimmen lasse, denn ich BIN.
Das ist ein ungewohntes und total berauschendes Gefühl. Und ich bin sicher aus diesem Gefühl heraus, werden viele Dinge einfach so kommen, ohne dass ich sie ganz bewusst versuche zu manifestieren. Ich lasse mich jetzt einfach von meinem Schöpferselbst überraschen und freue mich über die täglichen wundervollen Geschenke kleine wie große, die in mein Leben kommen.

Und ich sage dir, seitdem ich das für mich wahrhaft fühlen kann passieren Dinge, die ich mir niemals hätte erträumen können. Mit dem Wünschen und Manifestieren habe ich mich selbst beschränkt...was für eine Erkenntnis.

Komm lass uns Loslassen...
All die Vorstellungen, sämtliche einschränkende Vorgaben und Konzepte, mit der wir die Schöpfung einschränken.
Vielleicht möchte uns unser großes Schöpferbewusstsein etwas viel schöneres schenken, was wir dann aber verhindern, weil wir ja unseren Ego-Willen durchsetzen wollen....ja wir sind eben alle nur Menschen und Menschen haben Egos.
Welch ein Geschenk...und welch eine Gelegenheit Freundschaft mit dem Ego zu schließen und es einfach nur noch zu beobachten.

Meditation

Meditation das GOLDENE TOR
Eintritt in dein Schöpferbewusstsein der 5. Dimension – eine Aufstiegsmeditation

Geliebter Funken Gottes auf Erden, ich grüße dich aus den Reichen des Lichts der 5. Dimension. Mein Name ist Erzengel Metatron, der Engel, der nahe dem Thron Gottes steht.
Und da nun auch für dich die Zeit gekommen ist, in dein Schöpferbewusstsein einzutreten, begleite ich dich in dieser Meditation auf dem Weg in deine 5 dimensionale Wirklichkeit.
Beobachte deinen Atem, spüre, dass du es nicht bist der oder die atmet.

Spüre nach und erkenne, dass ES dich atmet.
Das ES – die Quelle der Schöpfung atmet dich, lasse dich darauf ein, dich atmen zu lassen, getragen von den Schwingen der Quelle allen Seins.
Spüre weiter, wie es dich atmet und nimm wahr, wie ein goldener Lichtstrahl aus der Quelle zur dir herunter kommt.
Der goldene Strahl der Quelle fließt in deinen Scheitel ein und du spürst mit jedem Atemzug des geatmet werden, verstärkt sich die Verbindung des goldenen Strahls zwischen dir und der Quelle.

Und mit jedem Atemzug des geatmet werden spürst du, wie du vom goldenen Strahl nach oben gezogen wirst.
Und aus dem Strahl entsteht eine goldene Treppe auf der ein goldener Engel steht und dir sagt: „Ich grüße dich, ich bin dein höheres Selbst und ich begleite dich nun durch das goldene Tor der 5. Dimension hinein in dein Schöpferbewusstsein."
Und der goldene Engel, dein höheres Selbst, nimmt dich an die Hand und geht mit dir die Stufen empor zur 5. Dimension.
Und da ist es – das goldene Tor zu deinem Schöpferbewusstsein in der 5. Dimension.
Schau dir dieses Tor genau an, es ist dein persönlicher Zugang in die 5. Dimension, durch den du jederzeit in dein Schöpferbe-

wusstsein gelangen kannst.

Bist du bereit - aus ganzem Herzen bereit, in dein Schöpferbewusstsein der 5. Dimension einzutreten?
Bist du bereit der allumfassenden Liebe in deinem Herzen Einlass zu gewähren?
Wenn dein Herz JA ruft, dann öffnet sich JETZT das goldene Tor für dich.

Und das Tor öffnet sich, wenn jetzt der passende Zeitpunkt für dich gekommen ist und du trittst über die Schwelle der 5. Dimension und stehst in einem wundervollen weißen wolkigen Nebel. Spüre, wie der Nebel dich umhüllt, ganz weich und liebevoll.
Und du bist nun der Quelle der Schöpfung allen Seins näher gekommen, als du es je zuvor in deinem Menschenleben warst.

Und dein goldener Engel, dein höheres Selbst sagt zu dir:
„Nun bist du geliebter Teil meiner Selbst mit ganzem Herzen und vollen Bewusstsein eingetreten in die 5. Dimension der allumfassenden Liebe. Du hast die Schwelle des goldenen Tores überschritten und bist nun eingetreten in dein Schöpferbewusstsein. Der weiße Nebel um dich herum wird weichen, sobald du selbst beginnst zu erschaffen als Schöpfer / Schöpferin deiner Wirklichkeit.
Noch ist es ein weißes Feld, wie ein unbeschriebenes Blatt Papier und du allein entscheidest, wie du dein Leben gestalten möchtest, in jedem Moment, an jedem Tag, in jeder Sekunde neu. Und nun schau, was du mit deinen Gefühlen, Gedanken und Visionen erschaffen willst – dein Wille und deine Emotion geschehe JETZT."

Lasse dich atmen und schau, wie sich der Nebel lichtet.
All das, was du jetzt vor dir siehst, sind deine Schöpfungen.
Kreiere und erschaffe und bedenke dabei, das alles was du denkst und fühlst Einfluss auf deine Schöpfungen hat.
Nun nimm dir Zeit um deine Schöpfungen zu betrachten und nimm deine Schöpfermacht an.
Nutze die Gelegenheit deine bisher unbewussten Schöpfungen

neu zu gestalten.

Nun ist es Zeit zurückzukehren in dein Tagesbewusstsein, verlange nicht von dir, permanent im 5. dimensionalen Bewusstseinszustand zu sein, alles hat seine Zeit.
Je öfter du dich auf diesem Weg verbindest, desto längere Zeit wirst du im höheren Bewusstsein der allumfassenden Liebe verbringen können, bis du eines Tages alles was dich noch in der 3. Dimension gefangen hält transformiert hast.

Recke dich, stecke dich.
Und öffne deine Augen.
Sei Willkommen Schöpfer / Schöpferin deiner Wirklichkeit.

Diese Meditation kannst du auch auf CD oder als Download erhalten.

Energieanrufung deines Lichtkörpers

Themen

- Lichtkörper / Merkaba
- DNA / DNS
- Aufstieg
- Zellcodierung
- Höheres Selbst
- Seele / Seelenweg
- Potenzialentfaltung
- höhere Sichtweise / Perspektivenwechsel
- Lichtkörpersymptome / Lichtkörperprozess
- Verbindung mit der Quelle
- Herzchakra / Herzöffnung

Beschreibung

„Du nimmst dich als ein Wassertropfen wahr,
der den Ozean sucht,
doch in Wirklichkeit bist du selbst der Ozean."
Meister Konfuzius

Diese Worte zu Beginn zeigen, was geschieht, wenn wir ganz bewusst mit unserem Lichtkörper verbunden sind, denn dann erkennen wir den wahren Ozean und sind IN der Quelle, mit der Quelle verbunden, Teil der Quelle und gleichzeitig die Quelle selbst.
Bevor wir jedoch mit dem Ursprung, mit der Quelle bewusst verbunden sind, dürfen wir Zugang zu unserem höheren Selbst erhalten und nicht nur das, wir können damit auch die Perspektive wechseln und unser Sein aus der Sicht des höheres Selbst wahrnehmen.
Diese Anrufung hilft uns also in erster Linie dabei den Überblick zu bekommen, eine übergeordnete, höhere Sichtweise zu erlangen.

Die Merkaba ist unser Lichtkörper, eine energetisches, kristallines Gebilde, das die Form von drei multidimensionalen Sternen haben soll. So ein Stern wird auch Tetraeder genannt.

Schaust du dir das Energieanrufungsbild Metatron genauer an, kannst du auch dort so einen Tetraeder aus der heiligen Geometrie erkennen.
Jeder von uns hat eine Merkaba, einen Lichtkörper, nur hat nicht jeder bewussten Zugang dazu. Mit der Energieanrufung können wir das ändern. Das Zentrum des Lichtkörpers ist das Herzchakra, was bedeutet, dass wir einen bewussten Zugang am Besten über unser Herzchakra herstellen können.
Unser Lichtkörper ist nicht mit unserer Aura gleichzusetzen, denn er ist viel mehr und viel größer, man könnte sagen, er umschließt dein Sein, das Aura, Körper, Geist, Seele und höheres Selbst beinhaltet.
Erzengel Haniel sagt weiter unten im Channeling: „Euer Lichtkörper ist die Manifestation des göttlichen Lichts auf Erden."
Der Lichtkörper ist unser Fahrzeug (Himmelsgefährt), das unser Bewusstsein, unseren Körper, unseren Geist und unsere Seele in sich vereint und uns Zugang zu unserem höheren Selbst und letztlich auch zur Quelle gewährt.

Hier möchte ich einmal kurz die Gelegenheit nutzen um dir meine Definition von Geist, Seele und höheres Selbst näher zu bringen:

Seele: Die Seele ist Bewusstsein und Unterbewusstsein zusammen und noch viel mehr. Du bist Seele in einem Körper, du bist nicht dein Körper. Sie ist das Göttliche in uns und um uns herum, der unsterbliche Teil von uns, der alle Inkarnationen in sich trägt und uns führen und leiten kann. Jede Seele hat ihren eigenen „Lebensplan" der für jedes Leben im Seelenvertrag verankert wird.

Höheres Selbst: Das Höhere Selbst ist der Teil von uns, der die Verbindung zu Gott darstellt. Es ist jener Teil unserer Chakren (Energiezentren) und unserer Seele, der nicht mit inkarniert ist, sondern im Licht verblieben ist, um uns durch die Inkarnationen zu führen. In dieser Zeit sind wir dabei, die Rückverbindung zu unserem Höheren Selbst wieder herzustellen. Wir haben uns für eine lange Zeit freiwillig in die Trennung begeben, um in der dritten Dimension und Dualität bestimmte Erfahrungen machen zu können. Diese Rückverbindung kann z.B. durch diese Energieanrufung erfolgen.

Geist: Ist das was denkt, erinnert, sich vorstellt, auswählt, beobachtet, er ist mit dem Ego verbunden. Der Geist ist vergänglich, die Seele nicht.

Die Aktivierung des Lichtkörpers

Oft kann man lesen, dass durch eine Einweihung eine Aktivierung des Lichtkörpers erfolgen kann. Das mag so sein, wenn der Glaube da ist und für manche Menschen ist es auch wichtig, ein solches Ritual zu erhalten, das ist vollkommen in Ordnung.
Meiner Meinung nach wird der Lichtkörper nur durch Bewusstheit aktiviert und hier ist die Einweihung als eine Art Bewusstwerdung des Lichtkörpers anzusehen, was diesen dann aktiviert. Was ich damit sagen will ist, wenn du dich bewusst mit deinem Lichtkörper auseinandersetzt auf welchem Weg auch immer, dann wird er automatisch aktiv.
Durch den Aufstiegsprozess sind sowieso unsere Lichtkörper mehr oder weniger aktiv, der einzige Unterschied ist die Bewusstheit, denn sind wir uns unseres Lichtkörpers bewusst, ist der Aufstiegsprozess auch bewusst und somit viel leichter zu händeln. Alle werden eines Tages den Weg finden und jeder Mensch hat dazu seine Zeit.
Da ich mal davon ausgehe, dass du zu den Bewussten gehörst, werden wir wahrscheinlich etwas früher da sein, was jedoch dann auch in unserem Lebensplan vermerkt ist, dass wir dir sind, die vielleicht vorausgehen. Was nicht heißt, dass das sich hier ein elitäres Denken einschleichen soll, denn DU bist wichtig, genauso wie jeder andere Mensch es ist und jeder Mensch ist jetzt in diesen Moment genau so perfekt, wie er ist.
Es braucht auch Menschen, die Umwege gehen, sie machen nichts falsch, sie haben andere Lebenspläne als wir und auch sie werden eines Tages das goldene Zeitalter leben. Außerdem sind da noch die, die auf uns unbewusst wirken und augenscheinlich so viel Liebe ausstrahlen, ohne je etwas vom Bewusstwerdungsprozess gehört zu haben, dass ist auch nicht

notwendig, sie folgen einfach ihrer Wahrheit und der Liebe und kommen so an ihr Ziel. Letztlich kommen wir also alle an und wir (unsere Seelen) haben uns eben für den bewussten spirituellen Weg entschieden.

Doch was passiert eigentlich, wenn man sich seines Lichtkörpers bewusst ist?

Man erlebt den Lichtkörperprozess und damit den Entwicklungssprozess bewusst (siehe Channeling weiter unten) und kann damit die Lichtkörpersymptome erkennen und annehmen. Wir erkennen bewusst, das jedes Symptom eine Ursache hat und öffnen uns für die Botschaften unserer Seele. Sind wir offen für die Botschaften unserer Seele, muss sie sich nicht mehr über den Körper ausdrücken und wir erkennen schneller, was es hier zu lernen oder zu erkennen gibt; wir sind dann auf unserem Seelenweg, wir sind im Einklang mit unserer Seele, leben unsere Berufung und sind in unserer Wahrheit.
Während dieses Prozesses kommen wir auch unserem göttlichen Teil, der im Lichte verblieben ist, immer näher, bis wir dann eines Tages mit ihm verschmelzen dürfen. Wie sich das dann anfühlt, darauf bin ich auch sehr gespannt.
Ist unser Lichtkörper bewusst aktiv, fällt es uns leichter das Licht, dass immer mehr in uns einfließt zu integrieren. Je mehr Licht einfließt, desto mehr Schatten dürfen weichen und die gehen meist erst, wenn wir sie bewusst wahrgenommen haben, hier können wir kaum etwas umgehen oder überspringen. So kommen wir Schritt für Schritt unserem wahren Zuhause näher und können uns gezielt immer wieder neu durch das Licht ausrichten lassen, hierzu trägt auch die Sonne mit ihren Lichtcode bei (siehe Regenbogenenergie).
Auch unsere DNS bekommt hierbei Informationen. Die DNS ist die Abkürzung von Desoxyribonukleinsäure (DNA heißt sie auf englisch) welche unseren genetischen Codes und noch viel mehr beherbergt.
ich möchte hier nicht in den Bereich der Wissenschaft eindringen, da gibt es sicher Menschen, die dies besser wissen als ich. So weit ich weiß sind wissenschaftlich gesehen zwei DNS Stränge nachweisbar, welche auch Doppelhelix genannt wer-

den. In spirituellen Kreisen ist davon die Rede, das wir 12 Stränge bzw. sogar 13 besitzen, wenn wir unsere volles Potenzial erreicht haben, was wiederum bedeutet, dass sie aktiv sind, wenn unser Lichtkörper seine volles Potenzial erreicht hat.

Unseren Lichtkörper können wir in seinem Prozess unterstützen, indem wir diese Energieanrufung nutzen, uns bewusst mit unserem Herzen verbinden und uns auf allen Ebenen erden – was hier eher „ankommen“ bedeutet. Zu letzterem findest du unter der Energieanrufung Blume des Lebens eine Anleitung (Erdung im Lichtkörperprozess).
Der aufgestiegene Meister Konfuzius, der zu Beginn schon ein paar Worte an uns gerichtet hat zeigt uns hier einen Weg uns bewusst über unser Herz mit unserem Lichtkörper zu verbinden.

Konfuzius - bewusste Verbindung mit dem Lichtkörper

„Schön und gut denkst du dir jetzt vielleicht, doch wie setze ich das um, doch ich wäre nicht Meister Konfuzius, wenn ich dir hier keine Anleitung geben könnte.
Zunächst stimme dich auf mich ein. Rufe mich zu dir. Nimm meine Energie wahr. Nimm meine Energie in deinem Herzen wahr. Das kannst du tun, indem du mit deiner Aufmerksamkeit in dein Herz gehst und fühlst. Das ist die erste Stufe, kannst du meine Energie wahrnehmen, kannst du mit dem nächsten Schritt weitermachen. Es geht nicht um Schnelligkeit, sondern um Wahrnehmung und Entwicklung, die außerhalb von Raum und Zeit geschehen. So schere dich nicht darum, wie lange du benötigst meine Energie wahrzunehmen. Die Stufe zwei, verbindet dich ganz bewusst mit deinem Herzen. Du nimmst nun meine Energie in deinem Herzen wahr und spürst wie es sich dadurch immer mehr weitet. Nun kannst du dich bewusst dazu entscheiden dein Herz zu öffnen und zwar in erster Linie für dich selbst. Öffne dein Herz für dich selbst, schließe dich selbst ins Herz. Auch hier kann es eine Weile dauern, bis du es wirklich spürst und dein Herz offen halten kannst, mach dies so lange, bis du es mindestens 15 Minuten am Stück fühlen kannst. Dann gehe weiter zu Stufe 3. Hier nimmst du nun die im Herz-

zentrum gesammelte Liebesenergie und sendest sie in deinen Aura aus und dann weiter in deinen Lichtkörper. Sieh vor deinem inneren Auge, wie sich, wie bei der Sonne die goldgelben Strahlen in verschiedene Richtungen bewegen und deinen Lichtkörper vollkommen erfüllen. Gehe weiter, wenn du dieses Gefühl, welches dabei entsteht mindestens 30 Minuten halten kannst. Stufe 4 besteht daraus, deine wahre Größe wahrzunehmen, wahrhaft zu spüren, wie multidimensional du bist und wie du aus deiner Multidimensionalität heraus erschaffen kannst. Auf dieser Stufe bist du dabei mit deinem höheren Selbst, mit deinem göttlichen Anteil zu verschmelzen. Von hier aus bist du im kosmischen Bewusstsein und kannst dein Sein aus einer völlig anderen Perspektive betrachten. Du wirst von hieraus entdecken können, wie du aus der Urmaterie heraus erschaffen kannst in deinem persönlichen Universum.
Sei gesegnet, ich bin Konfuzius."

Meine Wahrnehmung der Energie

Wenn ich meinen Lichtkörper rufe, indem ich auf das Bild schaue, meine Hände nach oben halte und einfach nur wahrnehme, beginnt es in meinem Kopf ein wenig zu kreisen und zu kribbeln, manchmal beginnt auch mein Körper leicht zu schwanken. Gebe ich mich dem hin, dann wird dies zu einem angenehmen Einschwingen auf die höheren Ebenen.
Ich hatte schon viel „Freude" mit Lichtkörpersymptomen und auch mit dem Lichtkörperprozess. Ich dachte immer es wird viel leichter, wenn ich weiß wie es funktioniert, aber dem ist nicht so, ich musste und muss da genauso durch wie jeder andere, mit dem einzigen Unterschied, dass ich sehr schnell erkenne, worum es geht und mich dann bewusst in die Situation hineinbegebe. Es gibt nicht wirklich Abkürzungen, aber ich erspare mir auch damit meistens die Umwege. Ich schiebe nichts mehr vor mir her...naja fast nichts. Weglaufen funktioniert ja eh nicht und verdrängen schon gar nicht. Geht man die Themen bewusst an, egal welche aufkommen, dann geht der Weg in ein Sein voller Fülle, Liebe und Freude bedeutend schneller, weil wir nichts mehr blockieren....und man muss die Themen nun

wirklich nicht suchen, sie kommen automatisch, wenn man auf „Geschehen-lassen-Modus“ ist.
Es ist ein wahnsinnig tolles Gefühl mein Sein aus einer höheren Perspektive betrachten zu dürfen und somit auch in Kontakt mit meinem höheren Selbst zu stehen, die Zusammenhänge werden plötzlich so klar und alles ist dann ganz einfach, worüber ich mir vorher noch den Kopf zerbrochen hatte. Es lohnt sich wirklich sehr mit dieser Energieanrufung zu „arbeiten“, für mich ist sie ein wichtiger Baustein auf dem Weg ins goldene Zeitalter.

Botschaft der geistigen Welt

Download des Lichtkörpers – Erzengel Haniel

„Geliebte Erdenwesen.
Mein Gruß ist mit Euch und meine Freude und Liebe ebenso.
Man nennt mich Erzengel Haniel, meine Themen sind Schöpfung, Aufarbeitung von Emotionen und Selbstverantwortung. Ich bin einer euer Begleiter ins neue Zeitalter, ich bin Überbringer des Lichtes, der Selbsterkenntnis und unterstütze euch den Weg der Liebe zu gehen.

Es ist uns wohl bekannt, dass es im Moment für euch nicht gerade leichter wird in eurem Erdendasein. Je bewusster ihr werdet, desto schwerer kommen manche von euch mit dem Spagat zwischen 3. und 5. Dimension zurecht.
Ihr stellt vieles in Frage, erkennt teilweise sehr gut, was euer Weg ist und doch bereitet es euch Schwierigkeiten ihn zu gehen, denn ihr könnt euch schlichtweg zurzeit noch nicht ganz ausklinken aus dem System.
Dies wird sich verändern, es wird bald alles viel leichter werden für euch.
Euer Lichtkörperprozess belastet teilweise eure Körper so sehr, wird doch hierbei alles von Innen nach Außen gekehrt, was jahrelang vergraben lag. Dieses Phänomen ist auch sehr gut in Wirtschaft und Politik zu sehen.
Im Lichtkörperprozess werden immer mehr Licht- und Liebesenergien in euren physischen Körper „heruntergeladen“. Und

dies führt zu den Lichtkörpersymptomen. Euer Lichtkörper ist die Manifestation des göttlichen Lichts auf Erden.
Euer Aufstieg, ist in Wirklichkeit der Abstieg eures Lichtkörpers in den physischen Körper. Ist dieser Prozess beendet befindet ihr euch auf der Erde in der 5. Dimension.
Bei manchen ist dies schon der Fall und bei vielen wird dies in den nächsten 20 Jahren geschehen. Für die Zeit des Übergangs wurde ein Hologramm erschaffen, welches die Menschen beherbergt, die nicht gleich mit euch gehen – alles geschieht zu seiner Zeit und auch deine wird kommen – alles entspricht den göttlichen Plan – DU entspricht dem göttlichen Plan.
Und so werden viele von euch weiterhin immer wieder mit Lichtkörpersymptomen zu tun haben, deshalb ist es Zeit, hier genauere Auskunft zu geben.
Es steht viel geschrieben über den Prozess und seine Stufen, doch wenig steht geschrieben, über das, was du tun kannst, um besser zurecht zu kommen.
Doch hierzu bin ich heute beauftragt Auskunft zu geben.

Die Symptome zeichnen sich auch dadurch aus, dass oftmals ein Mediziner zu keiner klaren Diagnose kommt, dies ist aus unserer Sicht sehr logisch, denn die Symptome haben ja energetische Ursachen – jedoch ist es immer medizinisch abzuklären, was bei dir vorliegt. Es ist der Anpassungsprozess der höheren Energien, der in eurem Körper allerlei körperliche und seelische Blockaden zu Tage befördert.
Ein paar Symptome werde ich nun aufzählen: Schmerzen jeglicher Art, Müdigkeit und Erschöpfung, Infektanfälligkeit, Schwindel, Störungen der Sinnesorgane, Hitze, Kälte, Brennen, Schlafstörungen, Lebensmittelunverträglichkeiten, Denk- und Sprachstörungen, Stimmungsschwankungen, Ängste, Gefühl der Leere, um nur einige zu nennen.

Das Wichtigste ist für euch, diese Symptome nicht unter den Teppich zu kehren, sondern hinzusehen, sie dürfen da sein, nehmt sie an und schaut welche Emotionen dahinter stehen. Gönnt euch Ruhe und nehmt mit allen Sinnen wahr und öffnet eure Kanäle, so werden sich die Symptome transformieren.
Habt ihr Schwierigkeiten mit den Symptomen oder allgemein in

eurem Prozess, so fragt auch andere Lichtarbeiter um Rat, findet euch zusammen und unterstützt euch gegenseitig, energetische Heilarbeit und Gespräche können hier sehr wirksam sein, aber auch spirituelle Fortbildung, Einweihung, Meditation, Kontakt mit der geistigen Welt, Glaubenssätze transformieren, Rückführung, Vergebungsarbeit, Klangtherapie und vieles mehr.
Außerdem ist es wichtig DEINEN Weg zu gehen, DEINE Entscheidungen zu treffen und nicht anderen zu Liebe etwas zu tun.
Was erfüllt DEIN Herz, mein Kind? ...und diesem Weg folge...
Zwei wichtige Themen will ich hier herausnehmen.
Reinigung und Erdung.
Reinigung im Innen und Außen ist von großer Wichtigkeit, hierzu könnt ihr die violette Flamme rufen und sie bitten euch zu reinigen, Reinigung bedeutet auch, euch von allem zu befreien, was nicht eurer Wahrheit entspricht.
Auch wenn ihr es nicht mehr hören mögt, Erdung ist von größter Bedeutung, und zwar auf allen Ebenen eures Seins, geht die Verbindung ein mit der Erdmutter, beginnt wieder ihren Rhythmus zu spüren, verwurzelt euch mit ihr.
Auch die Wurzeln eurer Ahnen zu erforschen hat mit Erdung zu tun, es kann sehr befreiend und beflügelnd sein...das Medium weiß hier sehr gut, wovon ich spreche.

Um euch nun wirklich auch konkretes Werkzeug an die Hand zu geben, erhaltet ihr hier eine Anleitung zur Erdung im Lichtkörperprozess. Eine Erdung, die alle Ebenen mit einschließt, körperlich, emotional, mental und spirituell.
Körperlich erdet euch indem ihr Kontakt mit der Erde aufnehmt, hierzu könnt ihr tanzen, springen, euch schütteln – was ihr mögt.
Danach kommt zur Ruhe und spürt in euren Körper.
Visualisiert einen Baum, den ihr umarmt und verbindet euch mit seinem Atem und seinen Wurzeln, lasst eure Wurzeln in den Erdkern wachsen.
Spürt die Liebe des Baumes in eurem Herzen, spürt, wie er euch Harmonie überträgt, dies erdet euch emotional.
Lasst euch von dem Baum in eurem Herzen ins Gleichgewicht

bringen.
Mental könnt ihr euch erden, indem ihr einen Ton anstimmt, ein Mantra singt oder ähnliches, wichtig ist dies mit lauter Stimme zu tun, damit sich die Energie besser ausbreiten kann. Habt keine Scheu, ihr werdet merken, dass es euch Freude bereitet.
Nehmt dann wahr, wie ihr euch durch euren Klang ausdehnt bis hin zu eurem höheren Selbst, welches euch spirituell erden kann.
Genießt die Einheit, genießt die Freiheit, genießt das Licht eures höheren Selbst, dass nun euer gesamtes Sein durchflutet.
Kehrt nun zurück in euer Alltagsbewusstsein, gestärkt und voller Energie und Liebe. Geerdet auf allen Ebenen eures Seins, geht ihr nun euren ganz persönlichen Weg eures Herzens.

Wir haben das Medium gebeten die Meditation auch zu vertonen und sie zur freien Verfügung zu stellen, damit ihr alle vorankommt und gut verbunden seid beim Download eures Lichtkörpers.

…folgt eurem Herzensweg liebe Seelen…

Es ist mein Segen mit euch. Amen."

Die vollständige „Erdung im Lichtkörperprozess" gibt es zum kostenlosen Download auf der Website www.die-seeleninsel.de und als Text unter der Energieanrufung Blume des Lebens.

Energieanrufung Balance

Themen

- Annullieren / außer Kraft setzen
- Balance / Gleichgewicht
- Neutralisation / Aufhebung der Wirkung
- Beobachterposition
- Aufhebung der Dualität
- Bewusstes Wahrnehmen / Bewusstes Fühlen
- Ganzheit / Vollständigkeit / Vollkommenheit
- Männlichkeit / Weiblichkeit
- Gleichmut / Gelassenheit
- Innerer Frieden
- Ausgleich der Energien
- Einklang mit der Natur

Beschreibung

Meditiere mit dieser Energieanrufung, um deine innere Mitte, inmitten des Trubels um dich herum, zu finden und zu erhalten.
Du kannst dieses Symbol auch nutzen, wenn du z.B. die Chakren ausgleichen möchtest, hierzu kannst du es einfach auf das betreffende Chakra zeichnen. Auch wenn du im heilerischen Bereich tätig bist, es ist gut sich mit dieser Energieanrufung auszugleichen, denn als Heilkanal ist man nur so erfolgreich wie man auch in Balance ist. Hierzu ist es sehr gut, sich einfach auf das Bild zu stellen und die Energie bewusst auf sich wirken zu lassen.

Die beiden ineinander verschlungenen Spiralen, gleichen die Energien von Himmel und Erde aus und zwar in dir oder im Raum, in dem das Bild hängt. Es ist das Symbol des inneren und äußeren Gleichgewichts. Diese Energieanrufung unterstützt uns dabei, unsere eigene Mitte zu finden, bei sich zu bleiben, wenn alles um uns herum aus den Fugen gerät

Die Energieanrufung Balance hat die Fähigkeit alles auf Null zurückzusetzen, wenn wir sie darum bitten. Hierzu können wir um Neutralisation bzw. um Aufhebung der Wirkung bitten.

Wir können bestehende Themen annullieren, die Energie daraus zurückziehen und neu durchstarten. Voraussetzung dafür ist, dass man die Themen erkannt hat und bereit ist sie loszulassen.

Wie Innen – so Außen. Wie oben - so unten. Licht und Schatten können durch das Annehmen aller Anteile ins Gleichgewicht kommen genauso, wie männlich und weiblich und uns so zur Ganzheit und zur Vollkommenheit führen. Hierzu passt die Botschaft von der Sonne, die ich vor einiger Zeit erhielt:

Botschaft von der Sonne ~ Trennung und Eins-Sein

"Liebe Sonne, magst du mir etwas erzählen?
Ja gerne.
Warum höre ich eine weibliche Stimme?
Weil ich sowohl als auch bin, ich bin alles und nichts.
So wie die Erde auch nicht nur weiblich ist, so bin ich auch nicht nur männlich. Diese klare Spaltung gibt es nur bei euch in der Dualität. Die Spaltung die eine Trennung ist, die besagt, dass es so und so sein muss. So ist dies außerhalb der Dualität nicht, Engel zeigen sich beispielsweise auch immer in der Gestalt, wie ihr sie am besten wahrnehmen könnt und wie es zur Botschaft gerade passt. Doch auch bei euch ändert sich dieses seit viele Jahren. Es zeigt sich im Mann, der Männer liebt, in der Frau, die Frauen liebt. In Menschen, die äußerlich einem Geschlecht zugeordnet werden, dies aber innerlich für sich ganz anders fühlen. All dies ist nicht neu, dass hat es schon immer gegeben, jedoch kommt dies immer mehr an die Öffentlichkeit und dass ist gut so. Es geht nicht um das Geschlecht sondern um die Seele. In der neuen Zeit sind nur noch Seelenverbindungen möglich, keine anderen partnerschaftlichen Gefüge. Die Seele liebt frei von inkarnationsbedingten Geschlechtsmerkmalen, denn dies hat euch nur die Dualität auferlegt, aus der ihr nun immer schneller hinauswachst.
Ja ihr Lieben, dies ist der Grund, warum ich, der / die oft mit Vater Sonne bezeichnet werde mit weiblicher Energie hier auftrete, um zu vermitteln, das dieses ein Aspekt eurer Art und Weise ist, das Leben zu trennen und zuzuordnen. Doch ich sage euch alles kann in allen Lebensbereichen sowohl als auch

existieren. Das gilt nicht nur für Männlichkeit und Weiblichkeit. Löst euch von eurem Schubladendenken und hört auf euer Herz.
Denn nur weil du vielleicht weiblichen Geschlechts bist, heißt es ja nicht, dass du keine männlichen Anteile in dir trägst. Euer Weg ins goldene Zeitalter funktioniert nur durch Integration aller eurer Anteile, es geht um Ausgleich, um Balance. Die meisten Frauen tragen sogar sehr viel mehr männliche als weibliche Anteile nach Außen, weil es in eurer Leistungsgesellschaft kaum mehr anders möglich war sich durchzusetzen als Frau. Doch diese Zeit ist vorbei, das goldenen Zeitalter, ist da und und so löst euch aus den wertenden Gedanken der Trennung und lebt die Freiheit des Seins.
Ihr müsst nicht so oder so sein, es reicht wenn ihr einfach nur SEID.
Damit sind die Energien in der Partnerschaft ausgeglichen.

Vieles gäbe es noch zu sagen, auch zur Partnerschaft im goldenen Zeitalter – doch dies werden wir euch ein anderes mal erzählen.

In Liebe, eure / r Mutter / Vater Sonne."

Dualität

Es ist zwar schön, gut und richtig sich auf Licht und Liebe auszurichten, doch da wir zu diesem Zeitpunkt, an dem ich dieses Buch schreibe in der Dualität sind, ist es wichtig immer beide Aspekte bewusst wahrzunehmen. Nur weil wir nicht mehr hingucken und das Negative verdrängen, wird es sich nicht n Luft auflösen, sondern damit wird es nur verstärkt, das Dunkle gleicht das Helle aus und das Helle das Dunkle. Je mehr sich auf Licht ausgerichtet wird, desto mehr wächst die Dunkelheit. Es geht um Bewusstheit und Bewusstheit geschieht nur, wenn wir alle Seiten betrachten.
Also verschließen wir nicht die Augen vor dem, was auf der Welt geschieht, sondern werden wir zum Beobachter ohne uns emotional hineinzubegeben und ohne zu urteilen. Macht es dir Angst, kommen Emotionen hoch, dann dürfen sie da sein, sie

wollen angesehen werden, dann gehst du aus irgendeinem Grund mit diesem Thema in Resonanz, hier ist etwas in dir noch nicht geheilt. Es geht nichts ums wegmeditieren, sondern ums wahrnehmen. Je weniger wir etwas betrachten wollen, desto mehr Macht geben wir diesen Dingen. Weiterhin geht es auch darum, nicht alles einfach zu glauben, was uns z.B. die Medien weis machen wollen, es gibt im Internet viele alternative Möglichkeiten sich über das Weltgeschehen zu Informieren, um sie mehrere Seiten anschauen können.
Es geht weder um Verschwörungstheorien noch um Angstmache, sondern einfach nur um ganz bewusstes Hinsehen und erkennen - das ist der Weg zur Bewusstwerdung. Natürlich ist es wichtig sich immer wieder positiv auszurichten, doch wer sich stur und ausschließlich mit Licht und Liebe beschäftigt und sich die andere Seite der Dualität nicht ansehen will, der braucht sich nicht zu wundern, wenn ihn irgendwann diese negativen Dinge überrollen.
Auch das ist mit Balance und Gleichgewicht gemeint, auch hierzu kann du die Energieanrufung Balance nutzen.

Kurzmeditation für das innere Gleichgewicht

Bewahre in Stresssituationen deine eigene Mitte. Diese Übung hilft Selbstvertrauen aufzubauen und mit der Mitte in Kontakt zu kommen.
Die Meditation ist geeignet um Kontakt zur Erde, zum Himmel, zum Körper, zum Herzen und zum Hara herzustellen. Das Hara (Dantien) befindet sich ca. 3 cm unterhalb des Bauchnabels und etwa mittig zwischen Bauch und Rücken. Es ist der Sitz des Chi (Qi, Prana), der Lebensenergie des Menschen.

Ablauf:

- Augen schließen
- 3x in die Füße atmen (öffnet Fußchakren, Erdung)
- 3x ins Scheitelchakra atmen (öffnet Verbindung zum Himmel)
- eine Hand auf das Herz legen (mittig)
- eine Hand auf das Hara legen

- 3x in das Herz atmen
- 3x in das Hara atmen
- 5x im Kreis atmen (ins Herz einatmen, vom Herz runter zum Hara ausatmen, ins Hara einatmen, aus dem Hara hinten ausatmen, den Rücken hoch zum Herzen, ins Herz einatmen....)
- Augen öffnen

Meine Wahrnehmung der Energie

Rufe ich die Balanceenergie, spüre ich ganz sanft, wie Frieden in mir aufsteigt, nichts ist mehr wichtig, ich komme wieder ganz bei mir an. In einer Zeit in der Hektik und Stress zum Alltag der meisten Menschen gehört, ist diese Anrufung sehr wertvoll finde ich.
Diese Energie hilft mir zum Beobachter zu werden, zur Beobachterin meines Lebens, aber auch zur Beobachterin von Nachrichten – wie eine liebe Freundin von mir immer so schön sagt: Nachrichten bedeuten „sich nach etwas zu richten". Und es steckt doch recht viel Angstenergie darin, doch ich gehe inzwischen damit nicht mehr in Resonanz, weil ich die Themen dazu geheilt habe – und zwar IN mir. Versuche mal die Perspektive zu wechseln, z.B. mit der Energie Lichtkörperanrufung und schau dir dein Leben von oben an, gehe aus den emotionalen Situationen heraus. So bewahrt man eine kühlen Kopf und kann dann gezielt die Situation für sich heilen und z.B. die Balanceenergie bitten, dieses Thema jetzt endgültig zu neutralisieren, weil man nun verstanden hat, worum es geht.
Was mir immer sehr hilft in der Balance zu bleiben sind Spaziergänge im Zauberwald, ein Wald den ich sehr liebe und dem ich diesen Namen gegeben habe, weil ich jedes Mal ein zauberhaftes Erlebnis habe. Der Wald bringt mich mit der Urenergie in Verbindung, erdet mich und erfreut mein ganzes Sein. Auch die Ostsee (oder ein anderes Gewässer) kann uns helfen unsere Balance zu bewahren, der Blick über das weite Meer, Steine sammeln und das Kommen und Gehen der Wellen beobachten – einfach Sein, nicht mehr und nicht weniger.
Wir sind hier um zu sein, nicht um zu tun...

Botschaft der geistigen Welt

Channeling von Mutter Maria - Lebe deine Weiblichkeit und sei ganz (auch wenn du männlich bist)

„Geliebte, Geliebter…
Lasset euch aus tiefstem Herzen segnen, spürt hinein in die Wärme meiner Worte in dieser manchmal allzu kalten Zeit. Spüre…während du liest geliebtes Kind, spüre, wie dein Herz sich langsam öffnet und es weich wird…und spüre hinein in dein Herz und nimm deine eigene Herzenswärme wahr.
Ich begrüße dich hier und heute als Vertreterin des weiblichen Prinzips, mein Name ist Mutter Maria, die Mutter des Schöpfersohnes, die Mutter der Liebe.
Die aufgestiegene Meisterin, die dir hilft den Ausgleich zwischen Geben und Nehmen herzustellen und dir die Geborgenheit gibt, die du brauchst. Ich bin deine Mutter, genauso, wie ich einst die Mutter des Jeshua war, denn du bist es die / der den göttlichen Funken in sich trägt. Atme tief in dein Herz und nimm deinen göttlichen Funken in dir wahr, lasse dich umhüllen und erfüllen mit deinem eigenen göttlichen Licht. Und so bade in den Gefilden deines Herzens und nimm wahr.

Wann hast du das letzte Mal bewusst gefühlt?
Wann hast du das letzte Mal dein Herz so richtig wahrgenommen?

Dein Herz kennt deinen Weg, dein Herz kennt deine Wahrheit und dein Herz ist es, welches dich durch die Verwirrung der heutigen Zeit führen kann. Fühlen ist eine zutiefst weibliche Eigenschaft. In den Zeiten des Übergangs zum goldenen Zeitalter ist es schwer sich noch auf äußerliche Dinge zu verlassen, materielles wird immer mehr in den Hintergrund treten und das männliche Prinzip wird seinen Stellenwert verändern.
Denn Geliebte….lebt ihr nicht in der Dualität? Dualität ist nicht nur Licht und Schatten, Sonne und Mond…nein sie beinhaltet auch Männlichkeit und Weiblichkeit.

Doch was im derzeitigen Weltgeschehen vor sich geht, ist ein

Ergebnis des vorherrschenden männlichen Prinzips, das Streben nach Ansehen, Erfolg und Macht. Es geht um immer mehr äußeres Wachstum, um Denken, Vernunft und Handeln. Dies sind wertvolle Eigenschaften, doch strebst du nicht nach Ganzheit? Um deine Ganzheit im Außen herzustellen, bedarf es zunächst der Ganzheit in deinem Innern, erst dann kannst du es leben und nach Außen tragen. So wird mehr und mehr das weibliche Prinzip wieder hinzukommen, um das Ungleichgewicht in dir und um dich herum wieder zurechtzurücken. Vereinige deine männlichen und weiblichen Anteile, bringt sie ins Gleichgewicht und trage diesen Gedanken, dieses Gefühl hinaus in die Welt. Niemand ist von Natur aus nur männlich oder nur weiblich, jeder trägt den Anteil des anderen in sich, wie beim Yin und Yang Symbol.

Wie kann ein System funktionieren, welches allein auf dem männliche Prinzip des Erschaffens um des Erschaffens willen beruht?
So wirst du immer das Gefühl haben, dass dir etwas fehlt und dieses Fehlende, ist nicht durch einen Partner im Außen zu ersetzen, wie viele immer noch glauben.
Du kannst nur das anziehen, was in deinem Inneren vorhanden ist, so suche das, was du im Außen wünschst zunächst in dir… hast du es gefunden wirst du seiner / ihrer auch im Außen gewahr werden. Das Zusammenwirken all deiner Anteile ist die Zukunft, ist der Schlüssel zu deiner Spiritualität.

Das Konkurrenzdenken weicht der Achtsamkeit des Miteinanders.
So viel Druck herrscht in eurer Leistungsgesellschaft, dass der eigentliche Sinn eures Daseins kaum gelebt werden kann. Nicht ohne Grund werden immer mehr Menschen seelisch krank, mögen sie auch körperliche Symptome haben.
Auch du als Mann darfst deine Weiblichkeit leben, deine Zartheit entdecken und passiv sein, genießen, still sein und den Blick nach Innen wenden…auch das ist Teil deiner Selbst.

Du als Frau darfst zurückkehren zu deiner ursprünglichen Weiblichkeit, steige aus, aus dem Karussell der vorherrschend männlichen Leistungsgesellschaft, sie wird keinen Bestand haben. Auch dein Energiesystem strebt nach Gleichgewicht und Einheit. Die weiblichen Eigenschaften in Einklang mit den männlichen werden mehr und mehr gefragt sein in den Zeiten des Übergangs.

Der männliche Willen mit dem weiblichen hinterfragenden Mitgefühl, welches auch nach dem Befinden des anderen fragt und die Verbindung der (männlichen) Außenwelt mit der (weiblichen) Innenwelt beinhaltet. Beginne dich selbst zu spüren, auf deine Intuition und dein höheres Selbst zu hören, um dann zur Tat zu schreiten, mit dem Wissen, dass dein Handeln im Einklang mit Allem-Was-Ist ist.

Jahrhunderte lang wurde eure Mutter Erde ausgebeutet es wurden ihr viel Ressourcen entrissen und kaum etwas hat sie zurückerhalten...im Gegenteil, die Menschheit erschuf Kunststoffe aus einer ihrer wertvollsten Ressourcen, dem Öl und stellte Kraftwerke auf, deren Abfall noch in vielen Jahren eine Gefahr darstellen wird...all das setzt Mutter Erde noch mehr zu, als ihr glaubt.

Doch ihre Schwingungsfrequenz steigt beständig an und damit auch die deinige. Viele unter euch haben Schwierigkeiten mit den rasanten Energieanhebungen, denn Altes wird weichen und hat keinen Bestand im goldenen Zeitalter. Hier bedarf es manchmal geistiger oder menschlicher Unterstützung, damit auch du dein Energielevel anpassen kannst und du nicht überrollt wirst von der Welle der güldenen Energie.

Das männliche Prinzip strebte nach Wachstum, egal zu welchem Preis. Nun beginnt eine Umkehr in der mehr zum Mitgefühl und zur Weiblichkeit zurückgefunden werden wird.
Es wird genommen und gegeben, zu gleiche Teilen...es wird genommen was gebraucht wird und es wird kein Mensch mehr hungern. Mag es auch illusorisch klingen in deinen Ohren, doch du hast es in der Hand...beginne aus dem Herzen heraus den Weg der Wahrheit zu erspüren und du wirst das goldenes Zeit-

alter früher erleben als du glaubst. Die kommenden Jahre des Übergang dürfen viele von euch schon in der 5. Dimension erleben und anderen ein Licht sein, damit auch sie aufsteigen können.

Die neue Weiblichkeit ist ein Schlüssel zu deiner Spiritualität, je mehr du ins Mitgefühl gehst, desto mehr wirst du spüren, was wichtig ist. Du gehst nicht mehr den Weg der am meisten Profit birgt, sondern du gehst den Weg der zum Wohle aller Beteiligten ist.
Das ICH wird dem WIR weichen und ihr werdet wieder mehr Verantwortung füreinander übernehmen.

Weiblichkeit leben heißt zu spüren, was ein anderer gerade braucht, es ist das Einfühlen, die Gelassenheit, das Vertrauen, welches es bedarf, wenn das Herz die Führung übernimmt.
Ihr seid nicht gemacht für Konkurrenzkämpfe, sondern für die Gemeinschaft, die jeden sein lässt, wie er / sie ist und als Ganzes miteinander Großes erschaffen können.
Und genau hier kannst auch du beginnen. Frage dich bei jedem Projekt: Ist diese zum Wohle Aller oder ist es zum Nachteil für bestimmte Bereiche? Welcher Weg wäre fair und zum Wohle aller? Allein diese Gedanken werden schon sehr viel bewegen, sicher wirst du nicht immer alles umsetzen, oder deinen Chef überzeugen können – noch nicht...Glaube daran – es wird ein Umdenken stattfinden, denn allein deine mitfühlenden, umsichtigen Gedanken haben große Kraft in dieser Zeit.

Beginne bei dir Selbst das Ungleichgewicht in Einklang zu bringen und du wirst deine Ausgeglichenheit auf andere übertragen können. Erlebe das Wechselspiel zwischen Nehmen und Geben, wie bei Shiva und Shakti, Yin und Yang, verbinde die beiden Pole miteinander, überwinde damit die Dualität und sei GANZ. Die Vereinigung dieser Anteile kann durch Annehmen der eigenen Schatten geschehen, durch Meditation und Kundalinierweckung, durch bewussten Umgang mit dir und deiner Umwelt und vieles mehr...jeder wird seinen eigenen Weg finden.
Es bedarf keiner Gurus mehr, die den Weg weisen, erkenne

vielmehr deinen eigenen Lehrer in dir und suche dir im Außen spirituelle Wegbegleitung, wenn du deinen Weg nicht sehen kannst.

Begegne der der Urform des Weiblichen ...begegne deiner Mutter... Denn was macht eine Mutter aus, wenn nicht Mitgefühl? Ja was ist es geliebte Seelen?
Wenn du deine Weiblichkeit noch nicht annehmen kannst (egal, ob du Mann oder Frau bist), so ist es nun an der Zeit deine Beziehung zur Weiblichkeit in ihrer Urform zu heilen. Vielleicht schaust du auf die Beziehung zu deiner Mutter?

Vielleicht aber auch die Beziehung zu deinem Vater, wenn du deine Männlichkeit noch nicht annehmen kannst?
Vielleicht ist dort auch eine Erinnerung aus früheren Leben, welches dich nun hindert dich in deiner Ganzheit zu sehen?

So verbinde Vater Gott und Mutter Erde und du wirst die Einheit deines Seins spüren. Was auch immer es ist, gutes Kind, sieh es dir an, die Zeit ist reif dafür. Bist du allzu unsicher, dann rufe mich, ich bin immer da für dich...spüre mich, nimm mich wahr, wie ich jetzt bei dir stehe und dich sanft in meinen Armen wiege. Öffne dich und nimm die Kommunikation mit mir auf, ich zeige dir deinen persönlichen Weg...die Zeit ist reif für euch alle mit euren geistigen Helfern zu kommunizieren.

Löse deine Erinnerung ab, das dich hindert, dich frei zu entfalten und sei unbesorgt, denn du bist behütet und geborgen in des Mutters Schoß und des Vaters Hand für alle Zeiten.

Amen.“

Energieanrufung Seelenverschmelzung

Themen

- Seelenanteile
- Verschmelzung mit einem Partner
- Liebe und Partnerschaft
- Auflösung der Illusion von Trennung
- Einheit / Verbundenheit
- Ganzwerdung / Vollständigkeit
- Verschmelzen mit Alles-was-ist
- Fülle
- Freiheit
- Freude
- Seelenpartner / Dualseele / Zwillingsseele
- Grenzenlosigkeit
- Wunschlos glücklich sein / nichts mehr wollen

Beschreibung

Diese Energieanrufung hat 4 Aspekte.

- Verschmelzung aller Seelenanteile auf Erden, die für diese Inkarnation benötigt werden
- Verschmelzung aller Seelenanteile in der Gesamtseele
- Verschmelzung mit dem Partner
- Verschmelzung mit Allem-was-ist (Quelle)

Die meisten denken wahrscheinlich bei der Seelenverschmelzung zunächst an Partnerschaft, doch dieses ist hier erstmal zweitrangig, denn solange man sich selbst nicht vollständig fühlt, wird man auch keine erfüllte Partnerschaft leben können. Lies bitte hierzu das Channeling von Maria Magdalena weiter unten, hier ist es sehr verständlich erklärt.

Zunächst geht es hier also um die eigene Ganzwerdung. Ob du „ganz" bist, kannst du ganz leicht feststellen, ist dort kein Mangel mehr, kein Wunsch, bist du einfach nur noch Freude und suchst nichts, weil du alles IN dir gefunden hast – dann hast du alles in dir vereint und fühlst dich absolut vollständig.

Eine Seelenverschmelzung bedeutet nicht zwingend, dass alle Seelenanteile und auch Teilseelen wieder in dir vereint sind, denn du wirst nicht alle Anteile in dieser Inkarnation brauchen können.
Wenn die Seele verschmilzt mit all ihren Anteilen, dann passiert das auf einer höheren Ebene. Die Gesamtseele verschmilzt mit allen ihren Teilseelen auf Ebene des höheren Selbst, was sich dann natürlich auch auf die einzelne inkarnierte Seele stark auswirkt. Bei der Seelenverschmelzung geht es darum, dass alle Anteile ihre Erfahrungen gemacht haben und zur Gesamtseele zurückkehren.
Auf Erden geht es hier um Ganzwerdung, dem Gefühl der Vollständigkeit, so das wir alle Seelenanteile, die wir für diese Inkarnation benötigen, in uns vereint haben.
Um dies noch besser zu verstehen, erkläre ich dir nun erstmal ein paar Begriffe:

Gesamtseele: Auch Vollseele, Gesamtselbst oder multidimensionale Persönlichkeit genannt. Sie besteht aus allen Teilseelen und Erfahrungen aus früheren Leben / Parellelleben und dem höheren Selbst. Sie existiert außerhalb von Zeit und Raum. Der Teil, der von unserer Gesamtseele nicht inkarniert ist, ist unser höheres Selbst.

Teilseele: Dies ist dein derzeitiges Selbst, ein kleiner Teil der Gesamtseele. Dieses Leben, welches uns jetzt gerade bewusst ist, erfahren wir als Teil einer großen Seele. In Kontakt mit der Gesamtseele kommen wir z.B. durch durch Kontaktaufnahme mit dem höheren Selbst.

Seelenanteil: Stellen wir uns die inkarnierte Seele am Besten wie ein Puzzle vor. Durch traumatische Erlebnisse, Stress, Süchte usw. können sich Seelenanteile abspalten. Seelenanteile sind Charakterzüge, Eigenschaften, Fähigkeiten usw., die zusammen das ergeben, was wir hier auf Erden sind. Spaltet sich ein Teil ab, ist dies ein Schutzmechanismus der Seele, um nicht z.B. noch mehr Schmerz ausgesetzt zu werden. Ein Schamane würde sagen, man ist durch das erfahrene Unheil un-heil ge-

worden, man fühlt sich wahrhaft unvollständig.
Die Energieanrufung Seelenverschmelzung kann uns hier bei der Bewusstwerdung helfen, welche Anteile sich abgespalten haben und dich unterstützen und sie wieder zu integrieren.

Die Seelenzusammensetzung

Ich bin durch Fragen von Klienten auf dieses Thema gestoßen, denn mich fragte jemand, ob man denn zu einem Verstorbenen Kontakt aufnehmen könne, wenn dieser schon wieder inkarniert ist. Hierzu bekam ich eine Antwort von der geistigen Welt und ich gebe sie in meinen eigenen Worten wieder.
Jeder Mensch inkarniert nur einmal und nicht wieder in exakt dieser Zusammensetzung der Anteile. Nicht die Verstorbenen inkarnieren wieder, sondern ein anderer Aspekt ihrer Gesamtseele, bzw. eine Teilseele daraus. Eine Teilseele besteht wiederum aus mehreren Seelenanteilen.
Dies bedeutet, dass selbst wenn die gleiche Teilseele wieder inkarniert, was ja üblich ist, dann besteht sie aus anderen Seelenanteilen, als in der vorherigen Inkarnation.
Deshalb besteht immer die Möglichkeit der Kontaktaufnahme mit Verstorbenen, auch wenn sie schon sehr lange ins Licht gegangen sind, vorausgesetzt, die geistige Welt unterstützt dieses Vorhaben.
Wenn man dann noch bedenkt, dass es keine Zeit gibt, folgt daraus, dass sich Teile einer Gesamtseele zur gleichen Moment in Parallelwelten befinden.
Es befinden sich aber meines Wissens nach nicht mehrere Teilseelen im selben Erfahrungsraum, außer deiner Dualseele. Die Dualseele als gegengeschlechtlicher Aspekt deiner Gesamtseele, ist als Teilseele oft (nicht immer) zur gleichen Zeit auf der Erde inkarniert wie du. Was aber nicht bedeutet, das man sein Leben lang nach dieser Dualseele suchen sollte, wenn wir soweit sind, dann wird sie uns begegnen und wenn nicht, ist es auch nicht tragisch, denn in der neuen Zeit streben wir unsere eigene Ganzheit an, dazu benötigen wir auf physischer Ebene unsere Dualseele nicht, mit ihr verschmelzen wir im Licht, wenn wir alles gemeistert haben. Und damit sind wir auch schon beim Thema Partnerschaft angekommen.

Seelenpartner & Co.

Eine Theorie besagt, dass die Schöpfung sich teilte um sich selbst zu erfahren und sich in unzählige Einzelteile aufspaltete, welche sich dann wieder und wieder teilen und dann nochmals in 2 Teile aufspalteten, in männlich und weiblich (= Dualseele), um so in die Dualität der Erde eintreten zu können. Theorien können nicht die ganze Wahrheit widerspiegeln, doch darum geht es auch gar nicht, es geht einfach um die Vorstellung, dass wir Teil der Schöpfung sind, dass wir zu einer großen Seele gehören (Gesamtseele), dass wir mehr sind als unser Körper und letztlich auf höchster Ebene sind wir die Schöpfung selbst. Doch zusätzlich zur Dualseele gibt es noch ein paar andere Formen der Seelenverbindung:

Seelenverwandte: Seelen mit denen wir uns verabreden vor unserer Inkarnation, die z.B. bereit sind uns mit bestimmten Themen zu konfrontieren, die uns eine Zeit begleiten, damit wir voneinander lernen usw.

Seelenpartner: Können wir mehrere haben, es ist der Partner den du jetzt gerade hast (falls du einen hast), denn er gibt dir das, was du gerade brauchst, egal ob positiv oder negativ. Wenn diese Beziehung vorbei ist und du jemand neues kennenlernst, ist auch dieser wieder ein Seelenpartner. Auch enge Freunde sind Seelenpartner, denn es geht hier um Beziehung, nicht nur um Partnerschaft.

Zwillingsseele: Teile von zwei verschiedene Gesamtseelen, die meist gegengeschlechtlich sind, jedoch sehr ähnlich. Man kann es sich wie Zwillinge vorstellen, die eine starke Nähe und Anziehungskraft haben. Oftmals führen sie auch eine sehr harmonische, partnerschaftliche Beziehung. Hier spielt aber auch Freundschaft eine sehr große Rolle, das verstehen ohne Worte. Gemeinsames Lernen. Zwillingsseelenbegegnungen sind nicht so schmerzhaft, wie Dualseelenverbindungen.

Dualseele: Eine Seele, die in einen männlichen und einen weibliche Teil geteilt wurde. Es ist eine starke Anziehungskraft vorhanden, die auf Gegensätze beruht. Dualseelen können nur auf Dauer partnerschaftlich zusammen sein, wenn beide ihre Lernaufgaben erfüllt haben, dies kann mehrere Leben dauern. In der heutigen Zeit geht es darum uns in unserer Ganzheit zu finden, um dann auf einer höheren Ebene mit der Dualseele und den anderen Teilseelen zu verschmelzen.

Meine Wahrnehmung der Energie

Dies ist für mich eine sehr quirlige Energie. Wie eine Horde Kinder am letzten Schultag, sie freuen sich endlich nach Hause zu kommen, müssen aber noch ein paar Dinge tun, damit dies möglich ist. Ich habe förmlich das Gefühl diese Energie zu hören.

Meine Erfahrung mit der Energie der Seelenverschmelzung ist, dass ich ein Gefühl erlange, das absolut alles Liebe ist und nichts außer Liebe existiert, frei von jeglichem Zweifel. Die Schleier der Illusion lüften sich und ich erkenne, dass was mich jahrelang quälte als Illusion, als absolut perfekte Illusion, die nichts mit meinem wahren Wesen zu tun hat.

Das Gefühl der absoluten Verschmelzung geht einher mit dem Gefühl der Grenzenlosigkeit ,des wunschlos-glücklich-Sein und des nichts-mehr-Wollens. Es ist ein ganz seltsames Gefühl plötzlich nichts mehr zu wollen, zwar alles anzunehmen was kommt, aber von sich aus absolut keine Wünsche mehr zu haben. Es ist eins der genialsten Gefühl, die ich je erlebt habe und zurzeit, wo ich dieses ich schreibe, auch gerade genauso fühle. Oh ich wünsche dir so sehr, dass auch zu fühlen. Das ist die Erfüllung schlecht ist. Das ist nur zu toppen vom Gefühl ALLES zu sein.

Ich habe in einigen Momenten, die immer mehr werden, erlebt wie es ist, wahrhaft zu verschmelzen. Die Krönung bisher war ein Erlebnis in einer Meditation, in der ich überhaupt keine Trennung mehr wahrnehmen konnte, ich war gleichzeitig der Raum, der Tisch, der Stuhl, ich war wahrhaft alles. Das was ein so berauschendes Gefühl und es war und ist absolut klar für

mich, dass das die einzige Wirklichkeit ist. Ich hatte das Gefühl mich zu verflüssigen und mich mit Allem-Was-Ist zu verbinden, nein, nicht nur zu verbinden...ich hatte das Gefühl ALLES zu sein. Aufgelöst in der All-Einheit und doch mit eigenem Bewusstsein. Ich kann es kaum in Worte fassen, ich bin sicher, wenn du es möchtest wirst du es auch eines Tages erleben, ich wünsche es dir.
Meine gefühlte Gewissheit zu diesem Erlebnis möchte ich gern mit dir Teilen:

Liebe ist Alles.
Alles ist Liebe.
Ich bin Liebe.
Ich bin Alles.

Botschaft der geistigen Welt

Liebe und Partnerschaft in der neuen Zeit
Maria Magdalena

„Liebe Reisende auf dem Weg ins Licht, eine große Wegstecke liegt schon hinter euch, ihr habt wahrhaft schon vieles gemeistert und so will ich euch behilflich sein, bei diesem so speziellen Thema, das die Menschheit entzweit und wieder vereint.
Die Liebe und die Partnerschaft.
Es ist von unschätzbarer Wichtigkeit, dass ihr die Unterschiede erkennt, zwischen der Partnerschaft, wie ihr sie seit jeher lebt und der Partnerschaft in der neuen Zeit.
Denn nur wenn ihr überhaupt um die Bedeutung wisst, könnt ihr euren Weg in diesem so wichtigen Lebensbereich erkennen, ihr könnt erkennen, wie und was ihr transformieren dürft, um eine neuzeitliche Partnerschaft leben zu können.

Durch meine Zusammenkunft mit Jesus dem Christus, mit dem ich viele weitere gemeinsame Inkarnationen hatte, ist mir dieses Thema wohl bekannt.

Ich schenke euch Heilung und Klarheit in den Bereichen Liebe, Partnerschaft und Sexualität.

Es ist wohl die größte Herausforderung des menschlichen Daseins – die menschliche Partnerschaft. Doch wenn ich von Partnerschaft spreche, gilt dies für Firmen, Freundschaften und Liebesbeziehungen gleichermaßen, mit dem Unterschied, das die Liebesbeziehung meist die körperliche Ebene miteinbezieht.

Und hier will ich sogleich mit einem Glaubenssatz aufräumen, der manchen Menschen von seiner Entwicklung abhält. Jeder Partner ist ein Seelenpartner. Es gibt nicht nur einen Partner, der für euer Leben bestimmt ist. Der Sinn einer Partnerschaft ist die Weiterentwicklung der Seelen, hierzu werden vor euer Inkarnation Verabredungen getroffen. All diese Verabredungen sind Seelenpartner – verabredete Seelen, die miteinander lernen. Jeder hat jetzt den perfekten Partner in dieser Situation, ihr hab euch gegenseitig angezogen.
Wurde genug gelernt, erkannt, transformiert und geheilt – seid ihr bereit für eine Partnerschaft der neuen Zeit. Der Weg dorthin ist mit Selbstliebe und Selbsterkenntnis gepflastert und ich werde gleich noch etwas tiefer darauf eingehen.

Dies heißt, wenn ihr so weit seid, transformiert sich entweder eure bestehende Partnerschaft in eine neuzeitliche Liebesbeziehung oder ihr trefft einen neuen Seelengefährten, der, wie ihr, soweit ist, den Weg der Freiheit und der bedingungslosen Liebe zu gehen. Dies ist dann der Seelenpartner, den ihr euch wünscht, doch wären die anderen Seelenpartner nicht gewesen, hättet ihr euch nie treffen können – macht euch dies bewusst.

Bevor ich euch den Weg dorthin erkläre, dürft ihr euch bewusst machen, was die klassische Partnerschaft in der alten Energie bedeutet und woraus sie erbaut ist.

In der alten Energie finden Menschen durch die körperliche Anziehung zusammen, es beginnt meist mit Schmetterlingen in

der Bauchgegend, welche jedoch genauer betrachtet keine Liebe, sondern schlichtweg Euphorie ist und Euphorie ist nicht gleich Liebe, schon gar keine bedingungslose Liebe.
Die Seelen finden durch das Gesetz der Anziehung zusammen, was bedeutet, dass scheinbare Gegensätze sich besonders attraktiv finden, weil sie im anderen das sehen, was ihnen selbst fehlt.
Beziehungen der alten Zeit sind Mangel-Partnerschaften, sie finden zusammen aus dem Trugschluss, dass der eine die Defizite des anderen ausfüllt.
Partnerschaften in der alten Energie sind kreiert aus Macht, Besitzanspruch, Erwartungen, Manipulation, Kontrolle, Begierde, Wettbewerb, Eifersucht, Grenzen, Abhängigkeit, emotionaler Erpressung, Einschränkungen und Unterwerfung.
Wem dies jetzt vielleicht zu übertrieben vorkommt, den bitte ich, Maria Magdalena, kurz in sich zu gehen, und sich ganz ehrlich zu fragen: Wann habe ich zuletzt zu jemanden gesagt (Partner, Freund/in) „wenn..., dann...“
„Wenn du das machst, dann bin ich nett zu dir.“
Das ist eine Form von emotionaler Erpressung, denn Liebe gibt es nur, wenn der andere sich so verhält wie das Menschenwesen es möchte. Woher Mensch das kennt?
Aus der Kindheit, denn mit Lob und Tadel seid ihr Menschen aufgewachsen.

Es heißt nicht, dass hier keine Liebe vorhanden ist, die Liebe, die hier herrscht, ist an Bedingungen geknüpft, die für das Gegenüber meist unerfüllbar sind.
Sinn dieser Partnerschaften ist es, euch gegenseitig zu spiegeln, um so eure alten Emotionen und Seelenerinnerungen heilen zu können.
Hierzu bedarf es Bewusstheit.
Ist ein Menschenwesen unbewusst, verstrickt er sich in Kritik, Verletzung, Schmerz und Vorwurf und schleppt dies von einer Beziehung in die nächste.

Doch spätestens mit eintreffen der immer stärkeren neuen Energie, wird das Menschenwesen dann erkennen, dass es 50% seiner Konflikte mitgenommen hat und das der erst so an-

ders erscheinende neue Partner, wieder starke Emotionen antriggert.
Mensch ist Enttäuscht.
Das Ende einer Täuschung ist da.
Das Ende einer Selbsttäuschung.
Dies ist ein Weg, der nicht von heute auf morgen umgesetzt werden kann.
Eines Tages wird es diese alte Form des Zusammenseins nicht mehr geben, Partnerschaften aus alter Energie werden sich nach und nach auflösen.
Viele haben dies in der letzten Zeit erlebt und viele werden es noch erleben.
Wie aber nun, fragt ihr euch, ihr lieben Menschenwesen, wie könnt ihr den Übergang schaffen?

Zunächst einmal ist es wichtig für euch das Spiegelgesetz zu kennen, und zu wissen, dass der Partner euch verletzt, damit ihr heilen könnt. Ist diese Bewusstheit da, könnt ihr eure vorhandene Beziehung transformieren, indem ihr euch ganz unabhängig vom Partner weiterentwickelt. Entweder er entwickelt sich mit, oder ihr geht getrennte Wege. Wichtig ist es, bei euch zu bleiben, es sind eure Themen die da angestoßen werden.

Auch wenn ihr zurzeit ohne Partner seid, habt ihr die Möglichkeit anhand der Menschen, die euch begegnen, eure zu heilenden Themen zu erkennen.
Die Heilung dieser Themen erfolgt einzig und allein durch das hineingehen und fühlen der Emotionen.
In allen Fällen ist tiefe Wahrheit euch selbst gegenüber von Nöten, die Zeitqualität bringt es mit sich, dass Selbstlügen nun an die Oberfläche kommen, wo ihr sie zuvor nie vermutet hättet.

Und so will ich euch nun eine Aufgabe geben, die euch helfen kann, euren ganz persönlichen Weg in eine neuzeitliche Partnerschaft zu gehen.
Nehmt euch Zettel und Stift, denkt nicht lange darüber nach, sondern, schreib ganz spontan auf, was ihr euch von einem Partner wünscht und wie eine Partnerschaft für euch aussehen soll.

Habt ihr diese Liste fertig, dann seht ihr hier die Wünsche, Erwartungen, Worte, die euch davon abhalten eine neuzeitliche Partnerschaft zu führen.
Habt keine Angst ihr Lieben, dies kann ein heilsamer Schock sein.
Auf dieser Liste stehen die Dinge, die ihr sucht, nach denen ihr euch sehnst – übersetzt bedeutet dies, dass ihr im Mangel seid, denn hättet ihr es IN euch, würdet ihr es nicht aufschreiben, weil ihr es nicht sucht.

Mangel zieht Mangel an.
Und aus dem Mangel heraus wird keine Partnerschaft der neuen Zeit entstehen.
Gleich, ob ihr in einer Partnerschaft oder Single seid, dürft ihr diese Dinge, die ihr im Außen sucht, in euch finden.
Und sie sind da.
Das Zauberwort heißt Selbstliebe.
Fühlt euch erst selbst erfüllt, dann wird euch die Erfüllung im Außen begegnen.

Der Tag wird kommen, an dem ihr keine Partnerschaft mehr braucht um glücklich zu sein.
Der Tag wird kommen, an dem ihr alles in euch tragt und keinen Mangel mehr verspürt, wenn ihr mit euch allein seid.
Dann ist die Zeit reif für die Liebe und Partnerschaft der neuen Zeit.
Ihr werdet Menschen anziehen, die genau das leben möchten, und ihr werdet euch nicht aus dem Mangel heraus anziehen, sondern durch eure Herzenergie.

Die Liebe in der neuen Zeit ist frei.
Die Liebe in der neuen Zeit ist frei von Bedingungen.
Die Liebe der neuen Zeit ist auf Gefühle begründet und frei von jeglicher Emotion.
Die Liebe in der neuen Zeit ist absolute Fülle, frei von alten Mustern.
Die Liebe der neuen Zeit ist ein Seinszustand, der über das physische Herz-Fühlen hinausgeht, sondern sich bis in die Haarspritzen und in alle Energiekörper erstreckt.

Die Liebe der neuen Zeit zeigt sich in eurem allumfassenden Herz.

Die Verbindung in der der neuen Zeit entsteht über euer allumfassendes Herz, die körperliche Anziehung tritt in den Hintergrund.
Die Herzensverbindungen entstehen, ohne das ihr etwas dazu tun müsst, ihr lasst einfach geschehen. Die Herzen ziehen einander an, durch ihren Gleichklang.
Ihr fühlt den anderen in eurem Herzen, in eurer allumfassenden göttlichen Herzenergie, die euch einlädt miteinander zu verschmelzen – auf göttlicher Herzebene, auf geistiger Ebene und auch auf körperlicher Ebene.
Ziel ist hier das gemeinsame wachsen, das gemeinsame Lernen und die gemeinsame Erforschung der allumfassenden Herzensliebe.

Waren noch in der Übergangsphase Trennung und sexuelle Unlust an der Tagesordnung, ist hier nun Freiheit mit allen Sinnen genießbar.
Heimlichkeit und Sicherheit weichen der Ehrlichkeit, Wahrheit, tiefe Verbundenheit, Bedingungslosigkeit und Verständnis.
Die körperlichen Freuden, treten in den Hintergrund, Lust, Begierde, Befriedigung und Leidenschaft weichen der Hingabe und Verschmelzung mit dem Göttlichen - auch durch den Liebesakt.
Hier erfolgt die Verschmelzung männlicher und weiblicher Energien - zweier Energiefelder, die unabhängig voneinander sind und sich doch so wundervoll ergänzen.
Auch das Geschlecht wird weniger eine Rolle spielen, einzig und allein die Herzenergie entscheidet über Zusammenkünfte.

Die Partnerschaft der neuen Zeit braucht keine Verträge, keine Beweise, ihr lasst jeden seinen Weg gehen, mit dem tiefen Wissen und dem Vertrauen der Zusammengehörigkeit.

Es geschieht Leben im JETZT in absoluter Bewusstheit, Wertschätzung, Wertfreiheit und Achtsamkeit.

Ihr Lieben, macht euch bitte bewusst, dass die Liebe und die Partnerschaft der neuen Zeit ein sanftes hineinwachsen erfordert.
Dies ist eine Entwicklung, die über eine längere Zeit entsteht.
Macht euch frei vom Druck, erkennt mit dieser Botschaft, was ihr leben wollt und richtet euch drauf aus.
Ihr könnt alles so weiterleben, wie bisher, wenn ihr euch wohl fühlt, oder ihr entscheidet euch für bedingungslose Freiheit und Liebe in jeder Beziehung – in der Liebe, in der Freundschaft, in der Familie, in der Firma.
Der Unterschied ist die Bewusstheit – ein wertfreier Ist-Zustand.
Und je mehr die neuen Energien auf der Erde wirken, desto mehr Bewusstheit entsteht.

Alles hat seine Zeit und alles ist im göttlichen Zeitplan.
Es gibt viele Möglichkeiten der Liebe und des Zusammenseins.
Auf Erden sind starre Strukturen geschaffen worden, die es nun gilt aufzubrechen um neue vollkommen freie Formen zu erschaffen.
Alles ist möglich, Grenzen setzt ihr euch nur selbst.
Seid euch meiner Unterstützung gewiss, ruft mich und ich bin da.

In liebevoller Hochachtung, Maria Magdalena."

Finde Deinen eigenen Weg

Liebe Lichtfreundin, lieber Lichtfreund, nun sind wir bald am Ende dieses Buches, vielleicht hat du jetzt schon ein paar Erfahrungen mit den Energien machen können?
Es gibt sehr viele Wege um dies, was hier steht, für sich selbst zu erfahren.
Du kannst die Dinge, die ich hier niedergeschrieben habe, ganz anders wahrnehmen – keine Wahrnehmung ist falsch.
Die Arbeit mit den Energieanrufungen machen mit jedem etwas, auch wenn dies nicht gleich sichtbar wird. Energien arbeiten meist sehr subtil auf verschiedenen Ebenen deines Seins und wir nehmen oft nur die körperlichen oder äußerlichen Veränderungen wahr.
Doch sei dir bewusst, dass sich im Außen nur etwas ändern kann, weil sich dein Resonanzfeld IN dir ändert. So sind viele Ereignisse nicht direkt auf die Arbeit mit den Energien zurückzuführen, denn dadurch, dass sie auf verschiedenen Ebenen wirken, kann man es nicht dingfest machen – das brauchen wir aber auch gar nicht, der Weg der neuen Zeit ist der Weg des Vertrauens.
Vertraue deinen Wahrnehmungen, sie sind richtig, denn es sind DEINE.

...und stehst du mal vor einem Berg und kommst nicht voran, so möge dich diese Botschaft auf deinem Weg unterstützen:

Botschaft der geistigen Welt:
Channeling von Erzengel Jophiel

„Jophiel, der Erzengel des goldgelben Strahls grüßt euch, ihr lieben Lichtwesen, die ihr nun bereit seid meine Botschaften zu vernehmen.
Mit Freuden dürft ihr die Botschaften verbreiten, denn sie dienen dazu, die Menschen, die noch in ihrem „Schneewittchenschlaf“ liegen, aufzuwecken.
Dies ist ein Weckruf für die einen, ein Aufruf für die anderen.
Dies sei gerichtet an all die Hoffnungslosen, die vor einem ho-

hen Berg stehen und ihn nicht zu erklimmen vermögen.
Jedes von euch Lichtwesen - ja, das seid ihr Menschen, ihr seid göttliches Wesen aus Licht…♥

Jedes Lichtwesen von euch stand schon einmal vor so einem Berg, ein Berg von Trauer, einem Berg von Problemen.
Wer von euch stand nicht schon einmal am Abgrund und fragte sich, welch ein Ausweg es noch geben mag.
Jeder kennt solche Situationen im Leben, die einen mehr die anderen weniger.
Die meisten von euch haben erkannt, dass eure Gedanken euer Leben formen.
Was hindert euch daran, aus dem Berg, der nicht zu erklimmen ist, den Berg der Erkenntnis zu machen?
Und wo liegt die Erkenntnis, wenn nicht in euch?
Erkenntnis kommt von erkennen …

Erkenne, wer du wirklich bist und der Berg zeigt dir plötzlich einen Weg hinauf oder einen Tunnel, durch den du wandern kannst.
Erkenne, wer dieser Berg ist, bist du dir selbst im Weg?
Oder hast du einfach nichts besseres erwartet von deinem Leben?
Bittet und euch wird gegeben, so steht es in der Bibel. ..und ihr bekommt das, was ihr erwartet... so steht es in den kosmischen Gesetzen.
Jedem geschieht nach seinem Glauben.
Sieh noch einmal genau hin und vielleicht ist dort doch eine Brücke, die dich über den Abgrund führt, vielleicht ist dort doch ein Weg, der dich den Berg bewältigen lässt.
Der Glaube lässt es Wirklichkeit werden.

Ich, Erzengel Jophiel, bin auch Verkünder der Wahrheit Gottes.
In Wahrheit ist dort weder ein Berg noch ein Abgrund.

Du hast es selbst erschaffen durch dein Denken, Fühlen und dein Handeln und was du selbst erschaffst, dass kannst du auch ändern.

Die geistige Welt steht dir immer zur Seite und begleitet dich auf deinem Weg, den einzigen Wunsch, den wir an euch haben ist:
Bittet um Hilfe, denn sonst dürfen wir nicht handeln.
Bittet und wir zeigen euch einen Weg, seid nur aufmerksam und seid bereit dem Berg ins Auge zusehen, um herauszufinden, was sich in Wahrheit dahinter verbirgt.
Werdet wach und schaut genau, was ihr denkt, es vermag Wirklichkeit zu werden.

Die Wahrheit Gottes liegt auch in dir.

Gesegnet seist du und umhüllt mit der endlosen Liebe des Lichtes, Amen.“

Über die Autorin

Die Seeleninsel

(D)EIN Weg zum GLÜCK
(D)EIN Weg ins goldene Zeitalter
Fülle, Freiheit, Frieden, Freude & Liebe
sind IN DIR, erfahre
(D)EINEN Weg
zum
GLÜCKLICHen SEIN

Am Ende möchte ich dir noch etwas über mich erzählen, denn ich finde du solltest wissen, wer dir hier schreibt und was ich so mache.

Mein Name ist Heike Saviera Wagner und ich bin 1978 in Lübeck im Sternzeichen Wassermann geboren. Saviera ist mein Ursprungsname, er bedeutet "Botin der heilenden Kristalle". Diese feinstofflichen Kristalle, sind in der Aura eines jeden Menschen vorhanden, in ihnen sind Informationen gespeichert, die aus Altlasten bestehen und gelöst werden wollen oder als Potenzial (Fähigkeiten usw.) vorhanden sind. Beides darf ich mit meiner Arbeit „anstupsen".

Schon seit meiner Kindheit beschäftigen mich Dinge, die mit dem bloßen Auge nicht zu erkennen sind, Dinge, die man erfahren muss um ihre Existenz zu erleben. Ich wusste schon immer, dass es mehr gibt, als wir Menschen sehen können, für mich war immer klar, dass es ein Leben nach dem Tod gibt.

Ja als Kind glaubte ich sogar fliegen zu können und zeigte es meinen Eltern, die das natürlich nicht sehen konnten, denn es war mein Energiekörper, den ich mit Leichtigkeit von meinem physischen Körper lösen konnte. Ich war schon immer gern für mich, träumte vor mich hin, las viele Bücher, hinterfragte viel und drückte mich in Kunst aus. Mit Gleichaltrigen konnte ich nicht viel anfangen und sie nicht mit mir, denn ich war auf Sinnsuche und die anderen lebten vor sich hin. So entstand wohl auch mein Interesse an Psychologie und Spiritualität, denn ich wollte einfach wissen wer ich bin, wieso ich bin und welchen Sinn mein Leben hat. Mit ca. 12 Jahren versuchte ich eine Gebrauchsanweisung für mich selbst zu schreiben, was aber scheiterte, weil ich selbst nicht wusste, was ich wollte.

Ich suchte auch beruflich eine ganze Weile und durch Versuch und Irrtum landete ich irgendwann resigniert in einem Möbelhaus als Verkäuferin ohne Perspektive, die nicht sonderlich am Leben hing. Ein paar einschneidende, schmerzhafte Erlebnisse weckten mich wieder auf und ich wurde zum Reiki geführt. Meine erste Begegnung mit Reiki zeigte mir, dass das mein Weg ist, ich fühlte mich endlich annähernd dazugehörig, da war endlich etwas, was meinem Leben Sinn gab. Von da an floss es, es setze sich automatisch in Bewegung, denn ich war endlich auf meinem Seelenweg angekommen. Zugegeben ich war recht jung, wenn man bedenkt, das die meisten Menschen den Sinn ihres Lebens erst ab 40 Jahren suchen, doch für mich war es eine halbe Ewigkeit.

Und so entwickelte ich mich bis zur Reikigroßmeisterin, machte eine Ausbildung zur psychologischen Beraterin, lerne Channeling und fand das, was ich schon immer wusste im der Reinkanrantionslehre. Endlich konnte ich meinen Interessen eine klare Richtung geben.

Seither lebe ich in meiner Wahrheit und bin unendlich glücklich, dass ich meine Berufung leben darf.

Ich darf Menschen unterstützen ihren Weg zu finden, dafür bin ich unendlich dankbar.

Alles (ist) Liebe, Deine Heike Saviera ~ Die Seeleninsel

Die Seeleninsel im Überblick:

Seelenbegleitung

- psychologische & spirituelle Beratung auf Seelenebene
- E-Mail-Beratung
- Reisen ins innere der Seele (Rückführung, Trance)
- Heilarbeit, Berührung der göttlichen Quelle
- Channeling

Kunst & Co.

- Seelen-, Engel- und Energiebilder, Heilige aus Holz
- das neue Buch „Die Integration der 12 Herzensqualitäten 2015 – 2026“ Smaragd Verlag
- CDs, Downloads, Energiesprays

Kurse

- Fernausbildung zum Channelmedium der Neuzeit
- Fernkurs Jenseitskontakte / Seelenkommunikation
- Fernstudium Rückführung
- „Dein Seelenweg – 8 Aspekte auf dem Weg zur Quelle“

Geschenke für die Seele

- viele kostenlose Angebote auf meiner Website
- Aktuelle Zeitqualität jeden Monat neu für Newsletter-abonnenten
- Aktuelle Botschaften auf www.seeleninsel.blogspot.de

... und vieles mehr ...

... ein Blick auf www.die-seeleninsel.de lohnt sich ♥

Weitere Informationen

Energiesprays:
Energiesprays zur Raumenergetisierung und zum Sprühen in den Aurabereich, mit den entsprechenden Energiequalitäten der Energien in diesem Buch sind auch bei mir erhältlich.

Channelings:
Die Channelings, die du hier lesen kannst, sind allesamt Botschaften aus der geistigen Welt, was bedeutet, dass ich nur das weitergebe, was ich empfange. Ich bin der Kanal, das Medium und somit entsprechen sie nicht immer zwingend meiner Sichtweise. Jeder Mensch kann lernen Botschaften der geistigen Welt zu empfangen, DU auch! Gern fertige ich auch Channelings zu persönlichen Fragen an. Aktuelle Channelings von mir kannst du auf meinem Blog www.seeleninsel.blogspot.com finden.

Feedback:
Ich freue mich über Rückmeldung von dir, gern kannst du mir deine Meinung zum Buch schreiben, diese veröffentliche ich dann auf meiner Website.
Deine Fragen und Anliegen sind auch willkommen, hast du eine Verständnisfrage oder eine persönliche Frage, dann melde sich sehr gern per Mail bei mir.
Kontakt: heikke@die-seeleninsel.de

Neues Buch:
Die Seeleninsel hat ein 2. Buch geschrieben, es ist im Smaragd Verlag erschienen. ISBN: 978-3-95531-124-7
„Die Integration der 12 Herzensqualitäten 2015 bis 2026“
Es beinhaltet die 12 Herzensqualitäten von den Engeln und Meister/Innen der 12 göttlichen Strahlen. Sie sind Leichtigkeit zu integrieren und anzuwenden. MEISTERE dein Leben!

DANKE

Ich möchte mich ganz herzlich bei den vielen besonderen Wesen bedanken, die mir begegnet sind und die mir noch begegnen werden. Verzeiht mir bitte, dass die Liste recht lang ist, doch diese besondere Gelegenheit, einmal in einem Buch danke zu sagen, möchte ich gern großzügig nutzen.

Ich bedanke mich,

- bei der geistigen Welt. Danke, dass ich Kanal sein darf für eure Botschaften, danke, dass ihr mir helft, anderen Menschen zu helfen und danke, dass ich mit euch gemeinsam dieses Buch schreiben durfte.
- bei meinen Freunden, Wegbegleitern und Impulsgebern.

Ich bedanke mich bei meiner Familie,

- bei meiner Mama, die mich immer so toll unterstützt, immer an mich glaubt und versteht, warum ich diesen Weg gewählt habe.
- bei meiner Oma, die (fast) immer recht hat und von der ich so einige Gaben geerbt habe, die ihr selbst gar nicht so bewusst sind.
- bei meinem Vater, der von „oben“ zuschaut, ohne den ich heute nicht die wäre, die ich bin, denn dank ihm bin ich den Herausforderungen des Lebens gewachsen.
- bei meinem Opa, der von „oben“ zuschaut, der immer wusste, das etwas nicht alltägliches in mir schlummert.

- bei meinen zwei Katzen (-therapeuten) Merlin und Odin, die mir unendlich Liebe schenken und die mich sehr bei meiner Berufung unterstützen.

- bei allen Ahnen, die mir zutrauen, die Ahnenreihe zu heilen und mich von einer anderen Ebene aus unterstützen.

...und ich bedanke mich,

- bei meinem Zauberwald und der schönen Ostsee, die mir helfen immer wieder bei mir selbst anzukommen und die mich unendlich inspirieren.

- bei meinen Kursteilnehmern und Klienten. An jedem / jeder bin gewachsen, habe gelernt und mich weiterentwickelt. Danke, dass ich euch unterstützen darf!

- ...und bei meinem Herzenspartner ♥

- ...und bei allen Begegnungen, die ich jetzt nicht erwähnte habe, ihr alle habt mir geholfen die zu werden, die ich heute bin.

Danke!
Danke!
Danke!

...ich danke DIR, dass DU bis zum Ende gelesen hast!

Themenliste - Stichworte zum Nachschlagen

Du findest hier alle Themen die in den Energieanrufungen erwähnt werden im Überblick. So kannst du ganz einfach dein aktuelles Thema nachschlagen und die entsprechende Energieanrufung dazu lesen und rufen.

Wunscherfüllung / Wünschen	Regenbogenenergie Metatron Schöpferfunke	89 98 115
Wunschlos-glücklich-sein	Seelenverschmelzung	148
Wut	Transformationsenergie	53
Z		
Zellaufbau/ Zellregeneration	Mahatmaenergie	72
Zellinformation/Zellcodierung	Regenbogenenergie Lichtkörperanrufung	89 126
Zielgerichtetheit	Metatron	98
Zufriedenheit	Magentaenergie	80
Zulassen	Erlöserenergie	62
Zuversicht	Magentaenergie	80
Zweifel	Magentaenergie	80
Zwillingsseele	Seelenverschmelzung	148

Das neue Buch:

**Die Integration
der 12 Herzensqualitäten von 2015 bis 2026**

Neue Herzensenergien von den Engeln und Meister/Innen der
12 göttlichen Strahlen.
Mit Leichtigkeit zu integrieren und anzuwenden.
MEISTERE dein Leben!

Was macht einen erwachten Menschen aus?

Die 12 Herzensqualitäten enthalten das volle Potenzial des spirituellen Bewusstseinsprozesses der Menschheit in den Jahren 2015 bis 2026.

Jedes Jahr trägt eine andere, ganz eigene Herzensqualität in sich, und die Engel und Meister/innen der 12 göttlichen Strahlen zeigen dir, wie du sie mit Leichtigkeit und Freude integrieren und die Energien nutzen kannst – mit Hilfe der Bilder, Meditationen, Botschaften und Übungen.

Alle Qualitäten vereint ergeben die wahrhaft göttliche, allumfassende Liebe für die Jahre 2015 bis 2026 und darüber hinaus.

Weiterhin trägt auch jeder Monat seine ganz eigene Energie in sich, die dir helfen wird, dein Leben – im wahrsten Sinne des Wortes – zu MEISTERN.

Bedenke bitte, dass dies hier kein starres Konzept ist, denn die Energien der Jahre und auch der einzelnen Monate schwingen durchaus schon vor und nach der jeweiligen Qualität.

Ein Wegweiser für deinen ganz persönlichen Weg zurück nach Hause – zur Quelle.

328 Seiten, A5, gebunden, mit Leseband
ISBN: 978-3-95531-124-7

Liebe ist Alles.
Alles ist Liebe.
DU bist Liebe.
Du bist Alles.